高等职业教育汽车类新形态一体化教材

汽车维修业务管理

（第2版）

主　编　祁翠琴　鄢　玉
副主编　李秀娜　祁美毓
参　编　冯之权　路　瑜

QICHE WEIXIU YEWU GUANLI

高等教育出版社·北京

内容简介

本书以现代维修企业的维修流程及业务为载体，以提高学生对维修业务的总体认知为目的，按照维修企业的业务流程编写。本书共8个单元，主要内容包括汽车维修企业概述、汽车维修业务、维修预约服务、维修接待服务、维修服务、交车服务、跟踪服务及保修服务。

本书可作为高职高专院校的汽车检测与维修技术、汽车电子技术、汽车技术服务与营销等专业的教材，也适用于五年制高职相关专业，并可作为社会相关从业人士的业务参考书及培训用书。

图书在版编目（CIP）数据

汽车维修业务管理 / 祁翠琴，鄢玉主编. --2版
.-- 北京：高等教育出版社，2017.10
ISBN 978-7-04-047857-0

Ⅰ.①汽… Ⅱ.①祁… ②鄢… Ⅲ.①汽车维修业-业务管理-高等职业教育-教材 Ⅳ.①F407.471.6

中国版本图书馆CIP数据核字（2017）第118897号

策划编辑 吴鸣飞　责任编辑 吴鸣飞　封面设计 姜 磊　版式设计 童 丹
插图绘制 杜晓丹　责任校对 刘丽娴　责任印制 刘思涵

出版发行 高等教育出版社
社　　址 北京市西城区德外大街4号
邮政编码 100120
印　　刷 山东临沂新华印刷物流集团
开　　本 787mm×1092mm 1/16
印　　张 11.5
字　　数 240千字
购书热线 010-58581118
咨询电话 400-810-0598
网　　址 http://www.hep.edu.cn
　　　　 http://www.hep.com.cn
网上订购 http://www.hepmall.com.cn
　　　　 http://www.hepmall.com
　　　　 http://www.hepmall.cn
版　　次 2007年9月第1版
　　　　 2017年10月第2版
印　　次 2017年10月第1次印刷
定　　价 22.00元

物 料 号 47857-00

第2版前言

本书第1版自2007年正式出版以来,受到相关专业高职师生和广大读者的厚爱。随着行业企业的管理升级,维修市场的变化及维修理念的更新,同时根据课程改革的发展及读者的需要,现进行修订。

本书在修订过程中,以学生为主体,融入课程改革新理念,重点难点有链接二维码,扫描直接有动画视频及微课等,便于师生使用。本书采用项目导向,任务驱动的教学模式组织教学内容,突出内容模块化、任务完整化,设计任务小结。便于自主学习,同时突出针对性和实用性,强化实践教学。

本书由祁翠琴、鄢玉任主编,李秀娜、祁美毓任副主编,冯之权、路瑜参加编写。在本书编写过程中,参考了大量资料和文献,并得到了石家庄联拓奥迪、盛华别克、怡和雪佛兰、宝和宝马等维修站的大力支持与协助,在此,我们一并表示诚挚的谢意。

由于编者水平有限,书中不足之处在所难免,欢迎读者提出宝贵意见,以便在今后的修订中不断完善。

编　者

2017年4月

▮▮▮ 第1版前言

汽车集科技、文化与时代感为一体,已成为人类现代文明的标志。随着我国汽车工业的发展和人民生活水平的提高,汽车这个几年前尚被绝大多数人视为可望而不可及的超级奢侈品,如今已悄然驶进了人们的日常生活。同时,随着汽车消费环境的进一步改善,将有更多的汽车进入我国的普通家庭。

本书是依据高职高专教育的人才培养模式和宗旨,以培养学生维修业务管理的综合素质为主,在基本理论与基础知识的选择上以“必需、够用”为度,注重学生实践操作能力的培养,强化理论与实际的结合,突出了汽车维修业务管理的特点,体现了以培养学生技术应用能力为主的高职高专教育与人才培养模式的特征和高职教育的课程教学特色,解决了维修业务管理中“怎么做”以及“做什么”的问题。

本书根据全国高职高专教育“十一五”规划教材的编写要求而编写。打破以往教材按照管理模块编写的模式,按照维修业务的流程设计章节,涉及从预约、车辆进厂到维修车辆出厂以及保修所构成的汽车维修的整个过程。本书以维修业务的流程为主线,以维修过程为导向对每个过程进行知识的讲解,并加强了能力的培养,在内容上突出了适用性和应用性。本书按照核心流程共分8章,内容全面、条理清晰、通俗易懂、实用性强。

本书由河北工业职业技术学院祁翠琴编写,朱晓红为编写做了大量前期的准备工作。

河北省汽车集团公司高级工程师张殿国审阅了本书并提出了宝贵的修改意见,在此致以衷心的感谢。

在编写过程中,石家庄奥迪特约维修站、别克特约维修站、捷达特约维修站、福特特约维修站、尼桑特约维修站等提供了宝贵的参考资料,在此表示衷心的感谢。

汽车工业的发展日新月异,维修业务的管理创新不断,由于编者水平有限,书中欠妥之处在所难免,欢迎指正。

编　者

2007年4月

目录

单元1　汽车维修企业概述

学习目标

知识目标

1. 简单叙述汽车维修企业面临的挑战。
2. 正确描述现代汽车维修企业的八大要素。
3. 了解客户与企业的关系及客户群的建立。
4. 掌握提高客户满意度的途径。

能力目标

1. 能正确建立并保持与客户的关系。
2. 会分析车辆维修企业的目前现状，对当前形势做优势、劣势分析。
3. 能设计方案促进客户群的建立。
4. 会分析客户对企业服务的满意度。

1.1 汽车维修企业

1.1.1 汽车维修企业的发展

20 世纪 90 年代,随着进口轿车的大量涌入和我国轿车工业的发展,我国的汽车维修业也得到了较大的发展。维修企业的整体水平也拉开了差距,一些企业经过十余年的发展,在管理上、技术上已经取得了先进的经验,引进了先进的仪器设备,掌握了现代汽车的维修技术。汽车技术的发展给汽车维修业带来了一场划时代的革命,推动了汽车维修企业的发展,传统的维修方式、管理模式已不能适应现代汽车维修的需要,很多现实问题摆在维修企业的面前,汽车维修企业面临着很多挑战。

1)维修制度的变化。现代汽车的先进性、可靠性已大大提高,各部件尤其是发动机、变速器等各大总成的质量有了明显的改进,其使用寿命大大延长,汽车在其寿命周期内出现大修的概率很小。因此,我国提出了“定期检测,强制维护,视情修理”新的汽车维修制度,打破了传统的大、小修维修制度。传统的维修制度已不适应现代企业发展的需要。

2)维修对象、维修技术的改变。汽车维修车型从传统的解放、东风等几个车型到现在的奔驰、宝马、奥迪、大众等十几个品牌,汽车的结构从过去的机械装置为主到现在的发动机电控燃油喷射、自动变速器、ABS、智能防盗、安全气囊、空气悬架等新技术,传统的维修方法和维修技术已不能适应新技术发展的需要。

3)维修质量观点的改变。企业在市场经济中能否经受考验,很大程度上取决于维修质量。现在的维修质量包括维修的技术质量和服务质量两个方面。从技术角度讲,汽车维修质量是指汽车维修作业对汽车完好技术状况和工作能力维持或恢复的程度。从服务角度讲,汽车维修质量是指用户对接待人员的态度、服务及时性、周到性以及收费等方面的满意程度等。仅仅解决车辆的技术问题不一定就能让客户满意。

4)汽车维修企业模式的改变。汽车维修企业经营模式由大到小,逐步走上市场导向的轨道,向连锁、快修、专修、养护专业化方向发展,打破了传统的大而全、小而全的建厂观念。

5)人才观念的改变。现代企业的竞争归根到底是人才的竞争,而目前绝大多数企业管理者有这样的体验,企业的人才流动性很大。刚刚培养好的修理技师,眨眼间到了其他修理厂。很多管理者意识到靠传统的人力资源管理方式,很难吸引和留住人才。人力资源管理有待开发新的模式。

6)竞争日益激烈。现在汽车维修市场利润可观,越来越多的人从事到这一行中来,市场竞争日益激烈,一些修理企业为了生存采取了降价、打折等方式,造成维修市场的无序竞争。

7)服务观念的改变。客户自我保护意识越来越强。客户法律意识增强,自我保护意识越来越强,同时客户也变得越来越挑剔了。客户原来追求车辆安全性、经济性,现在不仅追求安全性、经济性,而且还追求服务质量、信誉度及后期保障。

8）汽车维修企业接受诚信度的考验。为了生存，一些维修企业使用假冒伪劣配件，不按标准规范作业，乱收费多收费，给整个汽车维修业造成了伤害，汽车维修企业正在接受诚信度的考验。现在汽车维修已成为消费者投诉的热点之一，汽车维修企业诚信度的下降使很多消费者追求品牌，宁愿多花钱也要到大型修理厂或特约维修服务站去接受服务。

9）汽车维修企业前景广阔。虽然汽车维修企业有各种各样的挑战，但汽车维修企业仍有着广阔的前景。据中国汽车工业协会信息，在“十三五”的开局之年，汽车行业加大供给侧改革力度，加快产品结构调整和更新步伐，2016 年产销增速呈逐月增高态势，全年汽车产销均超 2800 万辆，连续八年蝉联全球第一（中汽协会的数据显示，2016 年汽车产销分别完成 2811.9 万辆和 2802.8 万辆）。

发达国家在汽车行业每投资 1 元钱，会给下游创造 2.63 元的市场。下游市场包括汽车维修保养连锁店、零配件连锁店、汽车美容、加油站等。据此，随着我国汽车保有量的飞速发展，我国汽车维修企业市场前景广阔。

知识链接

表 1-1　2016 年汽车产销情况

（单位：辆，%）

车型	生产量					销售量				
	12 月	1~12 月	环比	同比	累计增长	12 月	1~12 月	环比	同比	累计增长
乘用车	2644046	24420744	0. 23	13. 60	15.50	2672264	24376902	3.17	9.09	14.93
商用车	418743	3698050	12.38	25.07	8.01	385076	3651273	10.50	12.14	5.80
总计	3062789	28118794	1.73	15.04	14.46	3057340	28028175	4.04	9.47	13.65

表 1-2　2016 年排名前十的汽车企业销售情况

（单位：辆，%）

序号	企业名称	12 月	1~12 月	环比	同比	累计增长	市场份额	企业名称	2015 年
1	上汽集团	722172	6471555	8.74	11.03	10.37	23.09	上汽集团	5863497
2	东风集团	493732	4276717	4.82	4.17	10.44	15.26	东风集团	3872502
3	一汽集团	227532	3105662	-30.47	-19.11	9.21	11.08	一汽集团	2843774
4	长安集团	278665	3063403	-5.27	14.16	10.33	10.93	长安集团	2776523
5	北汽集团	345514	2846743	21.22	10.13	14.98	10.16	北汽集团	2475838
6	广汽集团	168576	1649232	-3.29	-6.08	26.56	5.88	广汽集团	1303108
7	长城汽车	150548	1074471	16.63	57.26	26.01	3.83	华晨汽车	856067
8	浙江吉利	112332	799188	6.29	73.69	42.24	2.85	长城汽车	852693

续表

序号	企业名称	12 月	1~12 月	环比	同比	累计增长	市场份额	企业名称	2015 年
9	华晨汽车	64455	774398	−0.97	−33.50	−9.54	2.76	江淮汽车	587943
10	奇瑞汽车	91442	698508	5.32	36.98	34.90	2.49	浙江吉利	561853
前十企业合计		2654968	24759877	—	—	12.94	88.34	前十企业合计	21993798
其他企业合计		402372	3268298	—	—	19.37	11.66	其他企业合计	2667804
汽车企业总计		3057340	28028175	4.04	9.47	13.65	100	汽车企业总计	24661602

表 1-3　2016 年国内乘用车产销及增长情况

（单位：辆，%）

车型	生产量					销售量				
	12 月	1~12 月	环比	同比	累计增长	12 月	1~12 月	环比	同比	累计增长
轿车	1246378	12111329	−2.73	3.61	3.91	1254585	12149861	−2.25	−2.05	3.44
MPV	247725	2490579	−0.44	−0.42	17.11	271749	2496529	15.28	−0.33	18.38
SUV	1088651	9152891	3.44	39.07	45.72	1082149	9047010	6.24	36.30	44.59
微客	61292	665945	10.93	−29.17	−38.32	63781	683502	21.96	−32.60	−37.81
乘用车合计	2644046	24420744	0.23	13.60	15.50	2672264	24376902	3.17	9.09	14.93

表 1-4　2016 年排名前十乘用车企业销售情况

（单位：辆，%）

序号	企业名称	12 月	1~12 月	环比	同比	累计增长	市场份额	企业名称	2015 年
1	上汽大众	193414	2000237	0.59	17.79	10.78	8.21	上汽大众	1805633
2	上汽通用	212289	1880004	7.61	−0.15	8.99	7.71	上汽通用五菱	1797608
3	上汽通用五菱	229687	1878196	16.71	7.36	4.48	7.70	上汽通用	1724976
4	一汽-大众	124189	1872366	−34.72	−16.10	13.46	7.68	一汽-大众	1650185
5	长安汽车	97617	1219609	−9.23	33.46	9.55	5.00	长安汽车	1113317
6	北京现代	146008	1142016	14.96	14.05	7.45	4.68	北京现代	1062826

续表

序号	企业名称	12月	1~12月	环比	同比	累计增长	市场份额	企业名称	2015年
7	东风日产	123347	1117901	-7.04	-9.54	11.71	4.59	东风日产	1000678
8	长城汽车	138628	968850	15.74	62.41	28.63	3.97	长安福特	868677
9	长安福特	98270	943782	-1.74	1.27	8.65	3.87	长城汽车	753230
10	浙江吉利	112332	799188	6.29	73.69	42.24	3.28	神龙汽车	710696
前十企业合计		1475781	13822149	—	—	12.02	56.70	前十企业合计	12487826
其他企业合计		1196483	10554753	—	—	18.98	43.30	其他企业合计	8722513
乘用车企业总计		2672264	24376902	3.17	9.09	14.93	100	乘用车企业总计	21210339

表 1-5 2016 年国内商用车产销及增长情况

（单位：辆，%）

车型	生产量					销售量				
	12月	1~12月	环比	同比	累计增长	12月	1~12月	环比	同比	累计增长
客车	56890	491709	11.52	-8.40	-5.50	64152	488400	38.01	-6.48	-6.96
货车	261461	2405315	13.36	20.05	7.24	241622	2373847	16.30	12.46	5.20
半挂牵引车	64183	398735	11.54	205.26	60.50	48238	387980	-20.09	111.60	55.08
客车非完整车辆	3017	55201	-41.45	-47.12	-21.78	2807	55013	-45.93	-51.06	-21.92
货车非完整车辆	33192	347090	17.40	17.78	1.58	28257	346033	-1.53	-10.01	-0.91
商用车合计	418743	3698050	12.38	25.07	8.01	385076	3651273	10.50	12.14	5.80

1.1.2 汽车维修企业的要素

汽车维修企业要有能力对所维修车型的整车、各个总成及主要零部件进行各级维护、修理及更换,使汽车的技术状况和运行性能完全(或接近完全)恢复到原车的技术要求,并符合相应国家标准和行业标准规定。它的主要任务是维修车辆,为客户服务。目的是创造价值获得效益。

现代汽车维修企业的八大要素:

管理——企业的命脉;人力资源——企业的心脏;
市场——企业的目标;资金——企业的血液;
技术——企业的大脑;设备——企业的肌肉;
配件——企业的食粮;信息——企业的神经。

1. 管理——企业的命脉

管理被称为企业的命脉,可见管理在企业中的重要性。管理的内容很多,现代汽车维修企业尤其应注重的是坚持管理制度化、管理程序化、规范化的原则,并注重细节,企业才能做大做强。

2. 人力资源——企业的心脏

人力资源被称为企业的心脏,在市场经济条件下,人力资源管理呈现出新的特点,给管理带来了新的问题。首先企业的劳动力素质发生了变化。维修汽车的高科技化要求企业劳动力素质也随之提高,而目前我国大多数维修企业管理人才和技术人才短缺,企业之间相互出高价争夺人才。传统的维修管理和技术人才由于知识老化、技术落后,已不能适应现代化汽车维修的需要。企业期待劳动力素质发生根本的变化。人际关系将发生新的变化。现代企业的人际关系是一种沟通关系,管理者和员工之间应是沟通、合作的关系。员工通过企业去发挥自己的才能,去实现自己的价值。管理者要通过自己的投资与员工的劳动获得企业利润,员工和管理者是一种新型的双赢关系。其次是人力资源管理需要人性化,人具有自然属性和社会属性,企业要建立符合人性化的管理,创造适合人性的工作氛围,培植满足人性的发展土壤。企业管理者应设计企业员工的职业生涯以及企业员工的薪酬,要开诚布公、互相理解、倾听意见、关心生活、加强沟通,使企业成为富有人情味的机构,让员工发挥他们最大的潜能。

3. 市场——企业的目标

市场是企业的目标,汽车售后市场一向被经济学家称为汽车产业链上最大的利润,很多人对此虎视眈眈。企业更需要在管理和服务上下功夫,努力达到一流水平,才能在市场竞争中立于不败之地。在市场经济条件下,汽车维修企业要树立市场观念、竞争观念、风险观念。

4. 资金——企业的血液

资金是企业的血液,离开了血液企业无法生存。

5. 技术——企业的大脑

技术是企业的大脑,一个优秀的企业应是一个技术领先的企业。企业的技术领先表现在:掌握先进的汽车维修技术,具有先进的维修体制。

6. 设备——企业的肌肉

汽车技术的发展日新月异,汽车维修也从过去传统的机械维修、经验判断,转变为电控技术维修,以仪器检验诊断为主的高科技维修,设备在现代汽车维修中发挥着越来越重要的作用。设备的选择、使用呈现以下特点:重视使用先进的仪器,不再贪大求全,耗费巨资,高科技设备需要高科技人才,计算机管理已必不可少。

7. 配件——企业的食粮

由于汽车质量的不断提高及汽车上使用的电子产品不断增多,传统的维修项目逐步减少或消失,取而代之的将是以换件为主的维修模式。客户对汽车维修质量要求的提高及现代高效率、快节奏的时间要求,配件管理也必须跟上汽车维修发展的步伐。

8. 信息——企业的神经

信息是企业的神经,市场信息瞬息万变,企业管理者必须牢固树立信息观念,重视信息的及时性、充分性和有效性,把信息管理放在企业经营管理的重要位置。只有紧盯市场信息,不放过任何一个可供利用的市场机会,才能在市场竞争中立于不败之地。

知识链接

汽车维修企业的分类

1. 按行业管理分:新国家标准 GB/T 16739. 1 ~ 2—2014《汽车维修业开业条件》从 2015 年 1 月 1 日开始实施,新国家标准将汽车维修业分为:汽车整车维修企业和汽车综合小修及专项维修业户。

汽车整车维修企业(the enterprises for motor vehicle maintenance and repair):有能力对所维修车型的整车、各个总成及主要零部件进行各级维护、修理及更换,使汽车的技术状况和运行性能完全(或接近完全)恢复到原车的技术要求,并符合相应国家标准和行业标准规定的汽车维修企业。按规模大小分为一类汽车整车维修企业和二类汽车整车维修企业。

汽车综合小修业户(the enterprises for vehicle comprehensive current repair):从

事汽车故障诊断和通过修理或更换个别零件，消除车辆在运行过程或维护过程中发生或发现的故障或隐患，恢复汽车工作能力的维修业户（三类）。

汽车专项维修业户（the enterprises for vehicle maintenance and repair of special items）：从事汽车发动机维修、车身维修、电气系统维修、自动变速器维修、轮胎动平衡及修补、四轮定位检测调整、汽车润滑与养护、喷油泵和喷油器维修、曲轴维修、气缸镗磨、散热器维修、空调维修、汽车美容装潢、汽车玻璃安装及修复等专项维修作业的业户（三类）。

2. 按经营形式分：汽车维修企业按经营形式分为3S和4S特约维修站、连锁（加盟）经营店和传统的汽车维修厂。

3. 按经营项目分：专业维修、汽车养护、汽车美容、护理、汽车装饰、汽车改装、轮胎服务、汽车俱乐部、二手车经营等。

1.2 汽车维修服务

汽车售后服务的直接服务对象是客户，间接服务对象是汽车。客户满意给维修企业带来市场、带来效益。

顾客不是一切，但没有顾客一切都是空谈。

汽车维修服务的核心流程如图1-1所示。

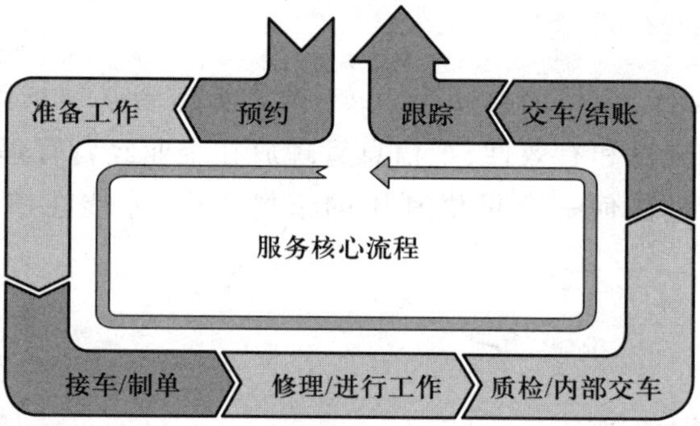

图1-1 汽车维修服务的核心流程

1.2.1 以客户为中心

1. 4C理论

随着“情感消费时代”的来临，产品和价格不再是决胜市场的决定因素，而企业的经营方向也从“以产品为中心”的4P向“以客户为中心”的4C和4R转变。

4P指的是产品（product）、价格（price）、地点即分销或渠道（place）和促销（promotion）。现在以产品为中心的营销模式已经成为过去。

4C 指的是客户（customer）、成本（cost）、方便（convenient）、沟通（communication）。4C 是美国营销大师劳特朋所创 4C 理论的简称，即：客户的欲求与需要、客户获取满足的成本、客户购买的便利性、客户与企业的沟通。从关注 4P 转变到注重 4C，是当前许多大企业全面调整市场营销战略的发展趋势，目前它更为汽车营销、维修企业所重视。

1）客户（customer）：汽车维修企业直接面向客户，因而更应该考虑客户的需要和欲望，建立以客户为中心的观念，将“以客户为中心”作为一条红线，贯穿于市场营销活动的整个过程。汽车维修企业应站在客户的立场上，帮助客户组织挑选商品及服务；研究客户的购买行为，更好地满足客户的需要；更注重对客户提供优质的服务。

2）成本（cost）：客户在接受服务时，除耗费一定的资金外，还要耗费一定的时间、精力和体力，这些构成了客户总成本。所以，客户总成本包括货币成本、时间成本、精神成本和体力成本等。由于客户在接受服务时，总希望把有关成本包括货币、时间、精神和体力等降到最低限度，以使自己得到最大限度的满足，因此，汽车维修企业必须考虑客户为满足需求而愿意支付的“客户总成本”。努力降低客户购买的总成本，如降低进价成本和市场营销费用从而降低商品价格，以减少客户的货币成本；努力提高工作效率，尽可能减少客户的时间支出，节约客户的购买时间；通过多种渠道向客户提供详尽的信息、为客户提供良好的售后服务，减少客户精神和体力的耗费。

3）方便（convenient）：最大限度地使消费者便利，是目前处于过度竞争状况的汽车维修企业应该认真思考的问题。如上所述，企业在选择地理位置时，应考虑地区抉择、区域抉择、地点抉择等因素，尤其应考虑“消费者的易接近性”这一因素，使消费者容易到达商店。即使是远程的消费者，也能通过便利的交通接近。

4）沟通（communication）：汽车维修企业为了创立竞争优势，必须不断地与消费者沟通。与消费者沟通包括向消费者提供有关地点、商品、服务、价格等方面的信息；影响消费者的态度与偏好，说服消费者光顾、购买；在消费者的心目中树立良好的企业形象。在当今竞争激烈的市场环境中，企业的管理者应该认识到，与消费者沟通比选择适当的商品、价格、地点、促销更为重要，更有利于企业的长期发展。

总之，企业在组织市场营销活动时，应该从企业的行业特征出发，关注 4C 的组合运用。同时，更应该了解、掌握当前许多大企业全面调整市场营销战略的发展趋势。

2. 4R 理论

4R 营销理论是由美国学者唐·舒尔茨在 4C 营销理论的基础上提出的新营销理论。4R 分别指代关联（relevance）、反应（reaction）、关系（relationship）和回报（reward）。该营销理论认为，随着市场的发展，企业需要从更高层次上以更有效的方式在企业与客户之间建立起有别于传统的新型的主动性关系。4R 营销的操作要点：

（1）紧密联系客户

企业必须通过某些有效的方式在业务、需求等方面与客户建立关联，形成一种互助、互求、互需的关系，把客户与企业联系在一起，减少客户的流失，以此来提高客户的忠诚度，赢得长期而稳定的市场。

（2）提高对市场的反应速度

多数公司倾向于说给客户听，却往往忽略了倾听的重要性。在相互渗透、相互影响的市场中，对企业来说最现实的问题不在于如何制订、实施计划和控制，而在于如何及时地倾听客户的希望、渴望和需求，并及时做出反应来满足客户的需求。这样才利于市场的发展。

（3）重视与客户的互动关系

4R营销理论认为，如今抢占市场的关键已转变为与客户建立长期而稳固的关系，把交易转变成一种责任，建立起和客户的互动关系。而沟通是建立这种互动关系的重要手段。

（4）回报是营销的源泉

由于营销目标必须注重产出，注重企业在营销活动中的回报，所以企业要满足客户需求，为客户提供价值，不能做无用的事情。一方面，回报是维持市场关系的必要条件；另一方面，追求回报是营销发展的动力，营销的最终价值在于其是否给企业带来短期或长期的收入能力。

4R营销的特点：

1）4R营销以竞争为导向。在新的层次上提出了营销新思路，根据市场日趋激烈的竞争形势，4R营销着眼于企业与客户建立互动与双赢的关系，不仅积极地满足客户的需求，而且主动地创造需求，通过关联、关系、反应等形式建立与它独特的关系，把企业与客户联系在一起，形成了独特竞争优势。

2）4R营销真正体现并落实了关系营销的思想。4R营销提出了如何建立关系、长期拥有客户、保证长期利益的具体操作方式，这是关系营销史上的一个很大的进步。

3）4R营销是实现互动与双赢的保证。4R营销的反应机制为建立企业与客户关联、互动与双赢的关系提供了基础和保证，同时也延伸和升华了营销便利性。

4）4R营销的回报使企业兼顾到成本和双赢两方面的内容。为了追求利润，企业必然实施低成本战略，充分考虑客户愿意支付的成本，实现成本的最小化，并在此基础上获得更多的客户份额，形成规模效益。这样一来，企业为客户提供的产品和追求回报就会最终融合，相互促进，从而达到双赢的目的。

企业只有以客户为中心，采用灵活机动、反应迅速的运作方式，客户的需要才能得到最优、最快的满足，企业的价值和利润也会相应得到最大的实现。

客户是前来购买所提供的专业服务的，客户对企业而言是最重要的，没有客户，企业就不可能生存与发展。总之，对企业而言，客户是最重要的人物，是企业赖以生存的衣食父母。

企业应以满足客户需求为运作目标，对于汽车维修企业来说，其存在的价值和全部意义在于能够使客户乘兴而来、满意而归。满意的客户是企业赢得利润的基础，是企业在当前激烈的市场竞争中抵御风浪的中流砥柱。汽车维修服务必须从以生产为中心转向以满足客户为中心。

1.2.2 客户群的建立

客户群建立的目的是实现现实客户向满意客户转变,满意客户向忠实客户转变,忠实客户向终身客户转变。

1. 巩固老客户吸纳新客户

客户群是由老客户和新客户共同组成的群体。建立客户群的基本方法是在巩固老客户的基础上吸纳更多的新客户。

(1) 巩固老客户的重要性

企业欲提高业绩,要开发新客户,另一方面也要巩固老客户,巩固老客户对开发新客户具有重要作用。在营销学上有“AIDBA”原则:

注意(attention)——引起注意的阶段;兴趣(interest)——发生兴趣的阶段;欲望(desire)——产生欲望的阶段;信心(belief)——产生信心的阶段;行动(action)——采取购买行动的阶段。

通常靠电视、报纸、企业视觉形象等传播工具宣传,可引起消费者注意,为进一步使消费者发生兴趣,激起购买欲望,当以消费者的口头宣传最为有效,尤其在比较阶段,老客户从旁赞成,收效更大,“口碑”影响力可创造销售的业绩。

(2) 巩固老客户吸纳新客户的方法

1) 友会制度:采用“友会制度”,可以提升客户的忠诚度,以便长期固定客户。友会制度包括:车友会、客户教室。此种制度除固定客户外,还可培训指导客户车辆使用维护方面的知识。

2) 客户登记制度:将现有的客户或有可能惠顾的客户登记于账簿,每逢有宣传节目、服务活动,便将有关资料或优待券立即寄送,借以建立关系。

3) 卡券制度:对于特定老客户,可赠送记名的购物卡片或证件,凭卡券购买物品,亦可现金折扣优待。

4) 会员制度:对于特定会员客户提供特定服务的制度。

2. 汽车俱乐部

汽车俱乐部是建立客户群的一种好方法,汽车俱乐部是一种与现代社会相适应的专业化、网络化的汽车服务保障体系,俱乐部可以会员制形式为客户提供服务。俱乐部基于汽车又超出汽车本身,服务触角伸向会员所需的方方面面。俱乐部还会不定期组织会员活动,邀请专业人员为会员讲课或座谈,给会员一个交流、沟通的机会。下面以目前运行较好的一家汽车俱乐部为例说明汽车俱乐部的服务项目、运行方式等,各个维修企业可根据自身的不同情况,实施其部分或全部内容。

(1) 汽车俱乐部的服务项目

服务项目有:

紧急抢修,拖车救援。

免费车辆性能检测和安全检查。

维修折让。

协助处理交通事故及交通违章。

车务提醒服务。

代办车辆年审。

代缴规费。

代理补办车辆证件、车辆过户。

提供汽车代用及租赁服务。

提供各种咨询服务。

汽车美容或装饰给予折让优惠,代办证照审验。

代办车辆保险。

代办变更车辆注册(更换车身、改变颜色、更换发动机)等手续。

协助车险理赔服务。

不定期举办各种汽车沙龙活动。

另外一些俱乐部(如特约维修服务站、连锁加盟店等)可充分发挥网点遍布全国的优势,协助会员处理本地或异地交通事故、交通违章、维修代用车、汽车租赁等事宜,为到外地旅游的客户争取购物、住宿、娱乐、航空机票、急送、预定等方面的折让优惠。在汽车文化传播方面,俱乐部可发展自己的合作刊物,建设自己的网站。

(2) 汽车俱乐部入会及退会

汽车俱乐部入会及退会应有严格的规定,以免发生不必要的纠纷。具体要求如下:

1) 入会时所填写和提供的有关资料必须真实、有效。

2) 汽车维修企业可为俱乐部会员发放会员卡或证,以车辆牌号为统一标识,即一车一卡,专卡专用;为了区别不同类型会员可分别制定金、银或普通卡。

3) 申请加入俱乐部的会员应交纳会费,金卡、银卡或普通卡会员交纳的会费也不同。在维修企业举行优惠活动时可免费发放普通卡,对一些特殊客户也可免费发放会员卡。若在本企业消费满一定金额,普通卡可升级为银卡,银卡可升级为金卡会员。

4) 会员卡有效期为一年,在期满前交纳次年服务费,并进行续会登记,逾期视同放弃会员资格。

5) 会员自入会之日一个月内,如对俱乐部服务不满意,可到俱乐部办理退会手续。

(3) 汽车俱乐部会员义务

1) 提供有效的身份证、驾驶证、行驶证及年检合格的车辆,办理入会手续。

2) 要求会员到本企业维修及更换配件。

3) 自觉遵守俱乐部制定的各项规章制度。

(4) 会员奖励方法

会员奖励可采取会员积分和减免会费的方式。

1) 会员积分。积分可参照如下方法进行:如会员到维修企业维修或更换配件,每消费一百元积一分。会员的亲友持会员卡到本俱乐部修车,俱乐部将为会员积分。发展一名新客户入会积分5分。购买全车综合险积10分。

2）奖励方法。如每积1分折合人民币若干元,积分可在俱乐部转化为修理费或备件费。积分达到1000分,送数码相机一部;积分达到10000分奖励笔记本电脑一部等。

3）会费优惠。如一年内没有享受俱乐部服务的会员,年末可以退还一定数额的会费,在次年续会时,可享受一定会费的优惠,这样才会对会员有吸引力。

汽车俱乐部运行中有些问题应引起注意:

1）车辆年审和驾驶证年审。应按当地规定参加车辆年审和驾驶证年审,会员如漏年审,可要求俱乐部协助补办,但补办手续会比较烦琐。

2）高速路救援。会员车辆在全封闭高速公路上需紧急救援服务的,鉴于涉及高速公路管理的特殊性,俱乐部可能无法提供服务,需提前告诉会员。

3. 建立客户档案

(1) 客户档案的建立方法

客户档案是企业的重要资源,建立客户群的一个主要的方法就是要利用好客户档案,做到这一步的前提是首先必须明白档案的信息从哪来。通常有以下三种来源:

1）销售记录。如果一个企业刚刚开始建立客户档案,查阅企业销售记录是一个最为直接、简单的方法。从销售原始记录中,可以看到现有客户和曾经进行交易的伙伴名单,还可以发现企业客户类型。

2）车辆管理部门档案。从车辆管理部门直接提取所需的车辆档案。

3）维修服务登记。当客户维修服务时进行登记是一个最简单的办法。在建立客户名录档案时,很多企业都采取请客户自己登记的方法,以获得更多、更准确的客户信息,这需要得到客户的配合。但很多客户不愿花费时间和精力填写登记卡,即使填写了也难以保证质量。企业可以采用某种方式对自愿登记的客户进行奖励,如赠送小礼品等。

(2) 客户档案分析

在掌握了客户的档案信息后,就要积极着手分析客户档案。客户档案分析的内容取决于客户服务决策的需要,由于在不同企业、不同的时期这种需要的不同,所以进行客户档案分析利用的内容也不同。一般说来,常用的客户档案分析内容有需求和购买行为分析、构成分析、信用分析和对企业的利润贡献分析等方面。

1）客户经济状况分析:根据客户档案记录、客户的行为及状况的特点,进行客户经济状况分析,确定针对不同客户的付款条件、信用限度和价格优惠等。信用分析也是客户档案分析的重点内容之一,利用档案中客户经济情况资料、付款方式、付款记录等,还可以对客户的信用进行定期的评判和分类。相反,对于信用分析中信用等级高的客户,则作为业务发展的重点,并给予一定鼓励或优惠,如优先服务、特殊服务、优惠价格和信用条件等。这对于加速企业资金周转和利用,防止出现呆账、坏账十分有效。

2）企业的利润构成分析：客户资产回报率是分析企业从客户获利多少的有效方法之一。该方法仅从客户的毛利中减去直接客户成本，包括维修费用、服务费用和送货费用等，而不考虑企业的研究开发、设备投资等费用，求出一个客户资产回报率。

3）收入构成分析：即统计分析各类客户、各类客户中每位客户在企业总收入中所占比重，及这一比重随时间推移的变动情况，用以表明企业服务的主要对象，划分不同规模的客户。这对于明确促销重点、掌握渠道变动情况是十分重要的。

4）客户地区构成分析：利用客户档案分析客户地区构成是一种最为普遍、简单的档案分析方法，分析企业客户总量中各地区客户分散程度、分布地区和各地区市场对企业的重要程度，是设计、调整分销和服务网络的重要依据。值得指出的是，这种构成分析至少要利用 5 年以上的资料，才能反映出客户构成的变动趋势。

除以上档案分析内容外，在实践中一些企业还利用客户档案进行关系追踪与评价、客户与竞争者关系分析、客户占有率分析、开发新客户与损失客户分析、企业营销努力效果分析、合同履行分析等。建立客户档案、收集客户资料的目的是利用这些信息，使其在实现企业的客户向导中真正发挥作用，实现信息的价值。因此，要在建立客户档案的基础上，不断开发利用档案信息内容。客户档案不仅在客户关系管理，而且在企业面向客户服务的各项工作中都具有广泛而重要的作用。

案例 1

现在的竞争真是激烈，在市中心发生的一起宝马与天籁轿车交通事故，不到半小时，已有五六家维修厂赶到现场，找到车主要求到他们的维修厂去维修。宝马车的前保险杠、前照灯、机盖等均损坏了，看来维修费用不会是个小数目。

某维修厂的业务接待小赵是这样做的：小赵感觉这辆车以前好像到过自己所在的维修厂，就打电话让信息员查一下客户档案，结果一会儿出来了，这辆车确实在自己所在的维修厂维修过两次，车主姓王，是一家房地产公司的老总，但有四个月没到自己所在的维修厂维修了。小赵决定抱着试试看的心理接触一下王管理者，这时王管理者正被几个人围着，“师傅”“管理者”“经理”叫着，他显得很烦。小赵走上去热情地称呼“王管理者”，他以为碰到了熟人，小赵帮他与交警一起处理完了事故现场，他很感激，临别小赵留下了他的电话，并给了他自己的名片，他看了名片说：我们以前见过，你们修理厂挺正规的，这次处理完事故，修车还要麻烦你。事情就这样办成了，王先生也成了我们的忠实客户，每当谈起此事时，小赵总说多亏了客户档案。

4. 广告宣传

汽车维修企业要扩大经营规模吸引更多的客户，适当的广告宣传是必需的。现在处在信息时代，谁的信息最先、最快传到消费者那里，谁就可以取得领先的竞争优势。酒香不怕巷子深已是非常过时的观念，通过广告宣传让客户知道维修企业是做哪些服务项目的，工作地点、维修的车型、价格如何等。

（1）广告宣传应注意的问题

汽车维修企业不同于其他行业，其广告宣传也应注意。广告是维修企业努力提供良好的和高效率的服务的传声筒，而不应是功率放大器，由任何形式的广告唤起的客户期待都必须得到满足。

如果广告许诺太多,而维修企业由于经营能力不足,或员工对情况了解不够或没有积极性,而导致客户期待落空,即使是再精心设计的广告,也只能是弊大于利。

(2) 广告宣传手段

好的广告宣传手段能将广告信息最有效地和最持久地传达给目标群体。

1) 企业中的广告。如招贴画、广告礼品、不干胶贴、个人谈话、灯箱、配音幻灯片和录像、宣传活动、亲笔签名活动、车上标识等。

2) 外部广告。如广告信函、告示、电台、路标广告、电话簿广告、展览会等。

至于选择哪些广告宣传方式,主要取决于:措施的意义和目标,目标群体的类型和规模,迄今为止获得的经验,广告预算等。

(3) 广告宣传的投入时间

广告宣传正确投入时间往往对成功具有很重要的影响。如果一条广告投入太晚,往往是由于低估了准备和制作广告材料所需要的时间。因此,在制订广告计划时,除了规定投入时间外,还必须现实地确定准备工作开始的最迟日期。

广告宣传的投入时间要考虑的因素:季节性的或节假日而进行的活动,竞争对手广告宣传的投入时间。

5. 服务促销

汽车维修企业的每一次广告宣传都伴随着服务促销。通过广告宣传只能让客户知道,通过服务促销才能让客户感受到企业周到的、高品质的汽车维修服务。"头回生,二回熟",只有客户第一次的满足,才可能有第二次的光临。服务促销创造了大量的机会向客户展示企业的实力,并使之成为忠诚客户。

(1) 服务促销计划

1) 决定服务促销的主题,在活动中要利用每次机会强调这个主题。

2) 活动时间和期限。活动可在维修淡季进行,若活动只举行一两天,最好选在周六或周日进行。

3) 通过市场调查,确定本企业的哪些服务项目有吸引力,什么样的价格具有竞争性。

4) 必须确定明确的服务范围和有吸引力的固定价格(最终价格)并遵守它,以防止客户对企业的可信度产生怀疑。这一点很重要!

5) 在计划实施中定期检查,纠正计划实施的偏差。

6) 准备必要的零部件和其他材料。

(2) 服务促销项目制定

服务促销采用的方式有打折优惠、免费诊断,而更多的时候是将这两种方式结合。

免费诊断可以吸引新客户或意愿不高的客户到维修厂,免费为客户检查和测试车况,检查及测试的车况应记录在检查表上,这时可就检查结果与客户研讨。如果客户愿意,维修厂可以为客户安排一次维修服务。如果客户不愿意,通过此次活动展示了企业的服务水平。因此，服务促销项目制定应以廉价的方式达到广告宣传的目的，同时吸引客户进行原本需要的维护项目。

以夏季空调免费检测为例，可制定以下项目：

检查花粉滤清器是否干净；检查空调系统制冷是否正常；检查空调系统是否有泄漏处；检查鼓风机是否正常；检查空调线束有无老化、破损；空调系统免费除异味等。

(3) 服务促销实施

在企业内部尽一切努力使客户感到亲切，并受到鼓励，以便在需要时毫不迟疑地再度光临。

企业领导必须定期以客户挑剔的目光巡视企业，以寻找需改进之处。由于普遍存在的"当局者迷"现象，这些需改进之处往往难以被发现。因此，企业领导要巡视的不仅是视觉印象，还包括企业氛围、周围的格调以及员工对待客户的方式。

(4) 服务促销分析总结

只有那些不仅对维修质量满意，而且还对无微不至的照顾感到满意的客户才是长期最好的广告。能拥有这样的客户，才是广告宣传和服务促销的最终目的。

服务促销活动结束后，应重点对几个方面进行总结：是否有客户对企业不满意，哪些客户？为什么？为什么过去来过的客户不再来了？为什么潜在的客户选择了其他企业？企业在公众中的信誉形象如何？

案例 2

某车型的"春季关怀"活动

2014 年 3 月，某车型的"春季关怀"活动在全国启动，本次活动为某车型"一年四次免费检测"活动拉开了序幕，活动期间所有的用户都可以享受到免费检测服务。2014 年是某车型大力推行"零距离"售后服务的一年。

2014 年 4 月，某车型汽车公司在全国 4S 店和售后维修中心同时推出"零距离温暖"售后服务活动，免费为某车型轿车提供多达 16 项的汽车检查和工时等方面的优惠。这是某车型承诺为用户提供终身服务的开端。对于某车型的车主们来说，感受到的不仅仅是售后服务的完善与规范，更重要的是可以亲身体会某车型"零距离温暖"所带来的真情呵护。

在这次的售后服务中，某车型的资深技师将为某车型轿车做全面的专业检测和保养，现场还会有专业人士为车主提供轿车的维护保养的咨询；各特约销售服务店还根据自身特点提供一系列的优惠项目。来参加服务周活动的车主可以进入某车型 4S 店的客户信息数据库，享受到 4S 店提供的一对一的零距离服务。另外，由某车型组织的抽奖活动还有可能带给用户意外的惊喜。

案例 3

某车型推出"爱车养护双周"活动

2014 年 2~3 月，某车型针对 0~24 个月的新车用户推出了"爱车养护双周"活动。参加活动的某车型车主获得免费车辆检测的同时，还能得到小礼物并参加幸运刮奖以获得养护银卡。

案例 4

某车型启动"用户关怀周"

某车型启动的"用户关怀周"于 2015 年 3 月 10~16 日在全国展开,活动期间某车型各地维修站统一设立"3 · 15"关怀小组,聘请专家亲临现场指导,快速解决用户相关疑问。同时,向全体用户公布服务承诺:

服务热线接到客户咨询,2 小时内给予答复,72 小时内给予解决;现场客户查询由"3 · 15"关怀小组现场处理,争取 2 小时内处理完毕,并在车辆恢复使用后 72 小时内给予跟踪关怀。

案例 5

一汽大众某车型"永久关爱"服务

2015 年"十一"长假之际,一汽大众再次推出某车型"永久关爱"服务,遵循某车型全球同步的服务标准,为客户进行免费检测,由此将已进行了两次的某车型服务固定为一汽大众某车型的服务项目,通过统一标识和平面广告将此服务品牌化。

6. 上门取车和送车服务

在竞争日趋激烈的汽车业务中,"上门取车和送车服务"越来越被证明是一种更好的展示企业服务能力和赢得新老客户青睐的真正机会。客户修车将经历:开车去修理厂、安排回程(无车)、安排按时取车的时间及交通、最后开车回家等既耗费时间、金钱又劳神的工作。因此,很有必要向客户推荐"上门取车和送车服务":在约定的时间和地点取车,在完成约定的维修工作后,再给客户将车送回去。好处:提高老客户的满意度;增加赢得新客户的机会;使自己的服务更具吸引力;改善整个企业的形象。

实践证明,在当今这个"时间就是金钱"的时代,很多客户愿意享受这种服务,并把"上门取车和送车服务"看作维修的超值服务。企业向客户收取一定费用也是可以的。

7. 紧急救援

实践证明,良好运转的紧急救援服务对提高客户满意度和客户忠诚度,增加企业收入,具有良好的带动作用。

要求救援的客户一般是在最困难的时候,向企业发出救援信号。得到救援帮助的客户将非常感激,并对企业乐于助人印象深刻,从而增加对企业的满意度。但是,既没有维修企业信息而又没得到帮助的客户,或长时间等待的客户,会非常生气甚至恼怒,客户将对企业的生产能力和信誉产生怀疑并失去信心。

企业实行良好的紧急救援要具有以下条件:

1) 成立紧急救援小组。

2) 建立 24 小时值班制度。

3) 设立救援电话,并让客户知道救援电话。

4) 设立紧急救援车辆。

案例 6

某汽车维修企业与市公安局“110”配套联动，成为当地的一大新闻。该企业配备了 5 部事故抢修专用车、7 人组成“110”抢修队，并设立专用服务热线电话，向社会做出承诺，“当您的车辆出现故障时，请拨打我们的热线电话，其余的事情由我们来做。”这样不仅客户满意，而且为企业带来了效益。

8. 备用车

备用车是为将车放在修理厂几个小时到几天的客户准备的一种自驾型出租车辆。这些客户在这段时间里需要备用车以便处理一些紧急的业务或私人事宜。备用车不是免费提供给客户的，可以收取一定的费用，至少应当收回成本。当然，当备用车的利用率超过一定界限时，可以获得部分利润，但这不是提供备用车的本意，设立备用车服务的目的在于对客户更有吸引力。

知识链接

汽车维修企业如何进行业务开发？

1. 新维修车种的开发。随着汽车工业的高速发展，车种的更新、技术含量提高，已是汽车制造企业迎合客户个性化消费和提高市场竞争力的主要手段。新车种推出的频率越来越高，汽车维修企业应予高度的关注。在具体的维修业务开发过程中，企业应该充分考虑本地区某车种的保有量与实际维修能力之间的平衡关系，保有量的增长趋势，开发该车种维修在技术力量、设备等方面的投入是否可以承受，是否受场地的限制，配件的供货渠道是否畅通，技术资料是否有保障等问题，决不能仓促上马，以免造成生产经营活动的被动，造成客户的不满意，对企业造成不利的影响。

2. 新业态的开发。一个多元化和国际化的汽车维修市场，其市场化运作的特性决定了其经营业态也绝不可能是一成不变的，汽车维修企业必须以市场需求为导向，唯有适应汽车大市场的需求才能在激烈的市场竞争氛围中立稳脚跟和谋求发展。

以市场需求为导向，在对市场进行分析的同时还应充分分析和研究客户的意见和建议（如从客户的难点、客户的抱怨等方面着手挖掘）。如近年来在国内汽修市场兴起的汽车快修站就是这方面的一个很好的例子。

几年来，汽车进入家庭成为人们的代步工具的趋势急速加快，汽车维修业的服务主体已逐渐向私家车转变。多数私家车主对汽车专业知识相对缺乏，他们在遇到各种汽车故障时束手无策，因而迫切希望得到专业化、规范化、个性化的售后服务，对汽车维护的需求主要体现在“优质、快捷、实惠”3 个方面。优质，即服务人员素质好、业务精、维修和服务质量有保证；快捷，即维修网点密度大，能就近维修，维修程序简便；实惠，即维修价格要适宜，防止垄断价格的出现。我国汽修业长期以来形成的“特约店+大型综合维修厂+低档路边店”为主的产业格局已不能满足市场需求的发展，这就要求维修企业必须在体制、理念上求新，通过实行成本领先战略、差异化战略、专一化战略来谋求企业在细分市场中的新定位。为此，通过借鉴国外同行的成功经验，为满足客户“优质、快捷、实惠”的维修需求，一个以“短(路程短)、平(价格平)、快(速度快)”为标志的汽车快修站(汽车快修站即指设立在公路、城市道路沿线或社区、商业聚集区周边，从事汽车快速维修项目作业，并实行24小时承诺维修服务的营业性汽车维修企业)的新业态便在市场的呼唤中应运而生了。

3. 相关延伸业务开发。相关延伸业务是汽车维修企业为促进维修主业的发展，围绕着提高客户满意度这一中心，从便利客户、为客户提供超值服务或解决客户在送修过程中的难点问题而开展的一系列服务。它是维修活动中的辅助工作，但它也是提高企业市场竞争力的有效手段之一。

1.3　企业与客户

在服务行业，以往人们习惯把客户称为“上帝”，而在汽车维修行业将客户当成朋友更为合适。由于汽车结构复杂、维修难度大及相关知识的多样性，客户也愿意与企业交朋友。因此，在维修服务中处理好企业员工(特别是业务接待)与客户的人际关系，不论在任何时候、任何地方都十分重要。处理人际关系要相互尊重，从而达到互相满意，这就是“双胜无败原则”。从客户与企业的关系来看，大致可出现四种状况：

第一种状况：客户的行为与员工的行为都正确，使客户得到最想得到与应该得到的利益，员工也得到最想得到与应该得到的利益，大家的需求都得到了满足，在人际关系的处理上大家都赢得了胜利。这是处理人际关系的最高境界与最好结局。作为企业，客户与员工能处成这种最高境界的人际关系，则客户会成为“常客”“回头客”，员工也能满足其心理需求，企业能宾客盈门，获得良好的经济效益与社会效益。

第二种状况：客户的行为与员工的行为都不正确。客户没得到应有的利益，从此不但不再光临，而且造成很差的口碑效应，而员工的不正确行为将导致企业门庭冷落，最终被激烈的市场竞争无情地淘汰，员工与企业也将最终丧失自己应该获得的利益。这种双败无胜的结局是最差的境界、最坏的结局。客户与员工从内心来说都不希望出现并努力想避免这种结局。

第三种状况：客户正确、员工不正确。从客户的角度来分析，客户付了钱，要求获得优质服务的要求是正确的、应该的，而且其的实际行为也符合客人的身份。但由于企业与员工一方的种种原因，导致客人利益获得受阻，造成心理失望。原因有以下几点：

1）员工主观上的原因。表现在工作态度上，对客人冷漠、消沉或者焦躁、粗暴；表现在工作上，懒散、马虎，敷衍塞责，得过且过；表现在言语上，使用不文明、不文雅、过于随便的言语与不恰当的体态语；表现在服务技能上，生疏、笨拙、毛手毛脚；表现在工作效率上，动作缓慢、反应迟钝、等待时间长；表现在对客交际上，忽视文化差异、冒犯客人忌讳；表现在服务质量上，标准太低等。

2）客观上的原因。如服务项目太少；为客户服务的设施老化、不完善、质量低劣，不能发挥正常的服务功能；或者在交际过程中出现一些误会等原因。

服务有缺陷，客户肯定不满意。从功能上说，没解决实际问题，没把事情办好；从经济上说，没得到应有的享受，有“吃了亏”的感觉；从心理上说，没得到尊重。由于功能、经济、心理三方面原因，会引起失望，客人以种种形式表现出“逃避反应”行为或“攻击反应”行为。客人的“逃避反应”行为似乎不采取任何公开行为，至多摇头叹气自认倒霉，这样，企业不知不晓，似乎很幸运，逃过了客户的投诉与保修。实际上掩盖了企业管理与服务上的问题，失去了一次发现问题、改进产品质量的良机。客户选择“攻击反应”行为来发泄心中不满，这种“攻击反应”可以是非公开的行动，采取“暗中报复”手段。客户不仅决定本人从此不再光临，而且还会在亲朋中宣传自己不愉快的经历，使企业的形象与声誉受损。这种行动也可以是公开行动，最常见的是投诉，填写意见书，或向大众媒体投诉。这种情况是企业最不愿看到的。

第四种状况：客户不正确、员工正确。服务既然是人对人服务，那么客户由于利益、认识差异等原因，与员工之间发生矛盾甚至冲突在所难免，而在那些矛盾与冲突中，员工选择了极力满足客户的期望或正确劝导客户的无理要求。员工忍受委屈，全心投入地工作，可能会让客户满意，也可能让客户不满意。但员工的努力将客户不满意度降到了最低点，企业可设立“委屈奖”，以安慰和鼓励员工。

综上所述，现代维修企业与客户之间应该争取“双胜无败”的最好结局，避免出现“双败无胜”的局面。

案例 7

某维修站维修了一台金杯面包车的变速器，更换了二轴轴承，车辆出厂约两个月，接到车主救援电话，说变速器异响严重，已无法正常行驶。维修站将车拖回厂，检查发现变速器只剩下一点齿轮油。将变速器解体，发现里面的轴承全都烧坏，还有两个齿轮和两个同步器也烧坏了，估计损失的配件约 2000 元。维修站分析是由于变速器后油封损坏，将齿轮油几乎漏光，造成内部的部件烧坏。而车主说，车辆刚刚更换了二轴轴承，是因为二轴轴承质量不好，引起变速器高温，造成变速器损坏。双方各执一词，争执不下。车主是维修站的一个大客户，共有五辆车在此维修，他威胁车辆再也不来维修了，而且要找质量监督局和消费者协会，对这件事进行鉴定。为防止事态扩大，站长亲自出面与车主商谈，站长首先从技术角度分析了事故原因，然后说二轴轴承在这次事故中也损坏了，是否是二轴轴承质量不好，这是一个疑问，不过维修站愿意为此次事故承担一定费用，维修站负责变速器轴承的费用，因为这些部件缺油容易烧坏，而齿轮和同步器只在较长时间缺油的情况下才能造成损坏，驾驶员在行驶过程中，应能听到因变速器缺油而产生的异响，但没停车检查而使损失进一步扩大，这部分费用应由车主负担。车主对这种提议比较满意，他减少了自己的损失，对维修站来讲，也挽留了一个大客户。也可以说，在这件事上，达到了双赢的目的。

知识链接

企业服务顾问

服务顾问是汽车维修站(4S维修站)为适应汽车维修市场和广大客户的需求,为加强企业内部的管理和协调而在客户接待方面创立的一种客户服务的新模式。服务顾问从客户预约、进厂直到客户离厂实行全程的跟踪服务,可以说,它是汽车维修企业实行挂牌服务、个性化服务,客户进行点名服务的前奏。企业服务顾问在思想素质、业务素质、待人接物等方面具有较高的条件要求,一般要由高中以上文化程度、中级以上技能水平、3年以上业务接待经验的人员前来担任,具体要求:

1. 通过车旁接待能做出正确的诊断和正确地填写“维修施工单”,确保对客户的车辆进行快速、正确的维修。
2. 做出合理的维修估算,提高客户对企业的信任度。
3. 通过参与质量控制,提高维修质量,保护客户的利益。
4. 检查结算单的正确性,对客户的问题进行耐心的解释,避免不必要的误解产生。
5. 解答客户的抱怨,恢复客户对企业的信心。
6. 通过服务向客户展示企业的服务理念、服务能力,使企业获得最佳服务提供者的美誉。

1.4 让客户满意

1. 客户满意度

客户满意度影响维修服务成功的理由是“我们需要客户,但客户不一定需要我们,他们有自己的选择”“我们的客户有权利享受最好的服务!若你是消费者,你有权得到全心全意的服务”“不满意的客户会做出负面宣传,至少与其他10个人分享这些不愉快的经历!不满意的客户以后将不再来拜访您。因此我们会丢失很多后续再销售的机会!不满意的客户也会给您带来不满。不满的情绪会影响您的心情与工作积极性!”

什么是客户满意度?客户满意度是顾客对维修服务的信赖和好感的程度。

客户满意度=期望的服务 vs 感受到的服务

客户满意度就像一座天平,客户期望是客户满意度的驱动因素。

客户基本心理需求:受欢迎(the need to feel welcome),受重视(the need for importance),被理解(the need to be understood),被安慰(the need for comfort)。

客户满意的三个层次:

1)物质满意层。客户对被提供的产品质量、功能、形状等所产生的满意或愉悦。

2)精神满意层。在这个层次致使客户满意的是提供服务的态度、服务场所的气氛和企业形象等。

3）社会满意层。客户在消费过程中所体验的社会利益维护的程度。

客户满意度与维修服务质量平衡示意图如图 1-2 所示。

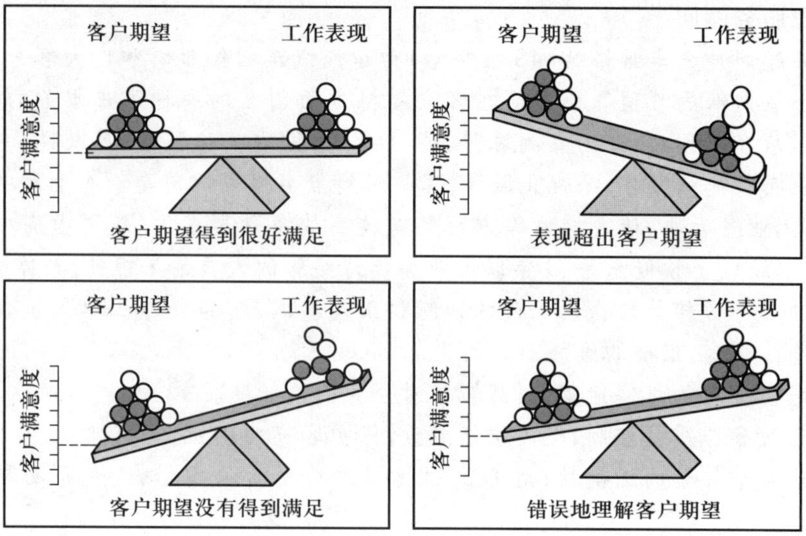

图 1-2　客户满意度与维修服务质量平衡示意图

2. 让客户满意的指导思想

客户满意战略的指导思想是:企业的全部经营活动都要从满足客户的需要出发,从客户的观点而不是从企业的观点来分析考虑消费者的需求,以提供客户满意的服务为企业的责任和义务;以满足客户需要、使客户满意为企业的经营目的;把客户的需要和满意放到一切考虑因素之首。

对于客户来说,价格便宜不等于就满意。汽车修好后,客户要求打折或对收费价格提出异议,这是汽车服务企业经常碰到的尴尬而又头痛的问题,如果解决不好,可能会损害企业的正当利益,也可能会伤害与客户之间的关系。

如何既要客户满意又要赚钱呢？这是维修接待人员的首要职责。那就是让客户觉得这钱花得值。这里“钱”代表价格;“值得”代表客户所享受到的服务价值。而关键是要使客户所享受到的服务价值高于或至少等于客户所花费的总成本。所谓客户购买的总价值由产品价值、服务价值、人员价值和形象价值构成。其中每一项价值因素的变化均对总价值产生影响。

产品价值是由产品的功能、特性、品质、品种与式样等所产生的价值,是客户需要的中心内容,在这里就是企业提供的汽车技术服务。

服务价值是指伴随产品的出售,企业向客户提供的各种附加服务,包括产品介绍、送货、安装、调试、维修、技术培训、产品保证等所产生的价值,在汽车技术服务中可以是修后回访、上门培训汽车维护知识、质量保证期等。

人员价值是指企业员工的经营思想、知识水平、业务能力、工作效益与质量、经营作风、应变能力等所产生的价值，比如中级工、高级工、技师或高级技师、行业技术能手在服务中产生的差异。形象价值是指企业及其产品在社会公众中形成的总体形象所产生的价值。

汽车维修企业增强以客户为中心的服务意识，争取较高的客户满意度。

3. 提升客户满意的基本理念

如何使客户满意是一个永不过时的话题。现在大多数的企业领导者已经认识到了客户满意的重要性，并着手实施客户满意度调研，以探究企业目前的客户满意状况。希望找出企业目前在客户满意方面存在的问题，提升本企业的客户满意水平。

在具体实施提高客户满意水平的各种措施之前，企业的领导者与全体员工应当首先确立以下理念：

1）拥有什么样的客户取决于企业自身。潜在客户不上门，根源在于市场营销策略的组合对他们来说不合适。

2）服务应永远超前于客户预期。一方面，应把服务标准提高到客户现有预期之上，使客户不仅仅满意，而且由衷地高兴；另一方面，要在客户预期之前就引入新的服务形式，积极主动为客户服务，不仅向客户提供他们想要的东西，而且要提供连他们自己都没有意识到会喜欢的东西。

3）鼓励客户提出意见，并为客户提供反馈信息的机会。通过信息反馈机制，可以解决客户如何与生产商、销售商进行交流，客户又用什么途径获取产品及服务信息的问题；可以解决企业内部管理低效、信息传递失真等问题；企业可以及时了解客户对企业满意的程度以及对企业的意见；企业还可以利用这种沟通的方式掌握客户的相关信息，形成客户档案，以针对其特点更好地开展业务。这样就形成一个企业与客户互动的过程，对提高客户满意水平、促进企业的发展与进步具有重要意义。

没有抱怨并不意味着没有问题，也许客户是懒得说，或许是没有抱怨的渠道，而最糟糕的可能就是：客户已对企业完全失去了信心。要注意倾听所有客户的抱怨，在处理客户抱怨的过程中，尽量从客户那里了解：为什么服务不能满足客户的需要，客户想要什么样的服务。如果能够得到这些信息，就意味着向理解客户的需要和期望迈进了一步。同时，如果处理得当，还可以发展同客户的关系。

4. 重视客户的信息

在企业实施客户满意战略，增强其竞争能力和获利能力的过程中，客户服务不仅意味着不断满足乃至创造客户的需求，而且要促使客户与企业建立长期双赢互惠的关系。这一过程中企业并不是一味被动的，而应该采取积极主动的姿态形成一个企业与客户互动的过程，去促成这层关系的早日确立，其中客户档案的合理运用就是一个有效的方法。

获得客户信息的途径有：有奖问卷调查，在销售产品时收集并记录信息，目录数据库如电子黄页，通过与信息服务公司合作来增加数据库中单独某方面的客户信息，与提供相关服务的公司共享客户名录等。

根据客户的服务频率、数量、个人偏好对客户进行细分,制订适当的营销计划以满足客户的个人要求,从而提高营销组合的有效性。通过调查,进一步挖掘客户信息,增强企业与客户间的亲密度,使客户服务代表在与客户进行联系沟通时,能够有效利用客户的信息,从而提高企业的客户服务水平,依据与现有客户的相似性或目前所提供服务的种类,辨别其他的、可能会有需求的客户。

5. 变被动服务为主动服务

在客户满意战略中的客户服务与传统的客户服务的不同之处在于:首先,客户满意战略的客户服务是主动的,传统服务则往往被动开展,过去企业认为客户没有问题,就不需要开展客户服务,但客户满意战略中,服务不但要及时、主动,还要积极与客户联络,争取吸引客户再度上门——主动与被动的差别。再者,客户满意战略的客户服务是聚合性的,传统服务则具有更多的分散性,客户满意战略中企业是主动开展客户服务的。解决客户的问题和服务中的缺陷、尽力化解客户可能产生的不满与失望,通过不断的联络和交互,增进与客户的联系,创造客户对企业的忠诚和对新服务的期望,发挥了一种内聚性质的作用;而传统企业客户服务中,客户因为产品缺陷或信息匮乏需要提供服务,企业则没有便利、统一的服务渠道,并视服务为增加了成本,这种情况往往造成双方在接触中的冲突和矛盾,本质上具有分离和驱散的作用。另外,客户满意战略的客户服务是集成的,传统的服务是单立的,客户满意战略的客户服务是技术支持、市场营销乃至销售和制造职能集成进行的,企业通过统一而整合的客户服务支持中心,不仅借助网络、电话、数据库等技术手段提供高质量、低成本的服务,而且担负了企业的市场调查、分析、测量和意见反馈功能,为新服务的开发,营销渠道的测试做好大量的准备工作;但在传统的客户服务中,多依赖维修工程师、技术人员进行,其市场营销等部门是单立的,从而缺少集成功能。

6. 围绕客户满意的企业创新

创新是一个企业赖以生存和发展的生命之源和动力所在。为使客户满意,企业必须围绕着“客户满意”这一中心,展开一系列的管理、制度、技术、文化、战略等多方面的创新,其包括企业组织的重整、业务流程的再造、企业文化的建设等具体内容。

知识链接

全国汽车维修行业行为规范公约

为加强汽车维修行业精神文明建设,建立汽车维修行业诚信机制,营造良好的汽车维修市场经济秩序,切实维护车辆所有人的合法权益,制定全国汽车维修行业行为规范公约。汽车维修业户共同遵守,自觉执行,相互监督。

1. 守法经营,接受监督

遵守国家法律、法规和规章,端正经营行为,全面公开汽车维修作业规范、收费标、监督电话;严格按照国家有关规定合理结算费用,依法开准具发票。自觉接受行政监督、舆论监督、社会监督。

2. 诚信为本，公平竞争

坚持诚信为本，以优质服务、用户满意为宗旨参与市场竞争。公证签订并忠实履行汽车维修合同，不擅自减少作业项目，不使用假冒伪劣配件，不作虚假广告宣传。

3. 尊重客户，热忱服务

牢固树立“质量第一，客户至上”的观念，从业人员持证上岗，亮牌服务，举止文明；建立客户档案，定期跟踪回访，主动征求意见；开展提醒服务，答复客户咨询，排除客户疑虑；努力满足客户要求，维护客户正当权益。

4. 弘扬职业道德，建设精神文明

发展企业文化，建立服务品牌。倡导爱岗敬业精神，树立团队合作意识。充分调动企业员工积极性，开创奋发向上的比、学、赶、帮新局面。开展服务规范化达标活动，树立行业新风尚。

5. 规范操作，保证质量

建立健全汽车维修质量保证体系，全面贯彻执行国家标准、行业标准和企业标准，认真做好汽车维修检验记录，按规定签发汽车维修出厂合格证，及时受理客户投诉，承担质量保证责任。

6. 文明生产，保护环境

搞好文明生产和安全生产，防止污染，保护环境，不断完善服务设施和服务功能，做到厂区整洁，环境优美，布局合理；实现作业现场安静；维修工具、机件、场地、人身清洁；工具、机件、油水不落地。

7. 自我管理，自我发展

自觉抵制非法行为，勇于同侵害行业利益的行为做斗争，捍卫行业合法权益；通过正常渠道反映企业的意见与要求，不断提升行业整体素质。

8. 科技兴业，开拓创新

确立科技兴业新思路，积极推广应用汽车维修新技术、新工艺、新材料、新设备；更新管理理念，优化企业管理，增强市场竞争能力；加强行业培训与交流，开展业内的横向联合与协作，加速行业技术进步。

思考与研讨

1. 如何能够实现好的客户关系？

形式：小组讨论。

（1）通过怎样的服务为客户营造一种舒适的环境氛围？

（2）给人留下良好印象的服务顾问的形象有什么特点？

（3）服务顾问的哪些行为或动作能够有助于与客户建立良好的关系？

要求：

（1）分成3组，每组就其中一个问题展开讨论，将讨论结果写在白板上。

（2）准备时间：15分钟。

（3）展示时间：每个小组2~3分钟。

2. 设计方案促进客户群的建立。

要求：3人一组，每组至少2个及以上方案。

单元 2　汽车维修业务

学习目标

知识目标

1. 了解汽车维修企业组织机构。
2. 熟悉维修企业各岗位职责及任职条件。
3. 熟悉维修企业的维修业务流程。

能力目标

1. 能正确分析各组织机构的责权利。
2. 会按照维修业务流程进行维修业务的管理。
3. 会对维修业务流程的关键环节进行认真分析。

2.1　维修企业组织机构

企业的组织机构就像人体的骨骼系统，是企业实现战略目标和构造核心竞争力的载体，也是企业员工发挥各自优势、获得自身发展的平台。

2.1.1　组织机构设置的原则和方法

好的组织机构，可以让企业员工步调一致，同心协力，向着一个目标迈进。一个不合理的组织机构能使企业组织效率降低，内耗增加，影响企业的成功和发展目标的实现。

1. 组织机构设置的原则

1）目标明确。

2）功能模块清晰。

3）分工明确。

2. 组织机构设置的方法

1）工作划分。首先根据分工协作和效率优先的原则，将汽车维修企业划分为业务接待、维修、质量检验、配件采购管理、会计结算、生活接待等。

2）建立部门。把相近的工作归在一起，在此基础上建立相应部门。根据生产规模的大小，一些部门可以合并，也可以分开。汽车维修企业常见的部门有：业务接待部、配件部、维修车间、技术部、办公室、财务部等。

3）确定管理层次。确定一个上级直接指挥的下级部门的数目。

4）确定职权关系。确定各级管理者的职务、责任和权力。

2.1.2　汽车维修企业组织机构

如何从维修生产组织结构或者说管理模式上保证遵循用户满意导向、维修质量导向、企业效益导向的原则呢？在这里推荐两种维修生产管理模式，即传统管理模式和团队管理模式。这两种管理模式在现代维修企业中都得到广泛采用，也各有其优势和不足。到底采用哪一种管理模式，如何发挥优势，抑制不足，可根据维修企业的管理习惯、人员素质、主修车型特点自定。

1. 传统管理模式的组织结构

传统管理模式是一种出现比较早，时间比较长的模式，是从机械制造业维修车间的管理模式中衍化而来的一种管理模式。在这种模式下，维修企业的部门设置、部门内部的岗位设置、人员岗位分工比较细致，各有其职责范围。具体来说，前台业务接待与维修车间为两个部门，前台业务接待部门负责与用户接触的一系列接待工作，即预约、接车检查/开任务委托书、向车间传递维修任务、结算交车、跟踪回访等工作，维修车间负责接受前台的维修任务委托书,向各维修班组或维修技师下达维修任务(开派工单),维修作业,质量检查路试,并向前台进行维修生产信息反馈及技术质量信息反馈工作。车间调度员负责与维修人员有关的生产管理工作,前台业务接待与维修车间的任务传递是通过车间调度员来实现的,即业务接待将待修车辆以及任务委托书交由车间调度员,再由车间调度员根据任务委托书以及车间生产情况开具派工单,对各班组实行派工处理。在维修生产中,维修进度、各维修工序的衔接由车间调度员来进行统一协调、控制,车间调度员便是车间的控制中心。质检员负责对维修车辆的中间检验、竣工检验以及维修质量的检查、监督、记录工作。试车员负责承修车辆的道路试验工作。

传统管理模式的组织结构如图 2-1 所示。

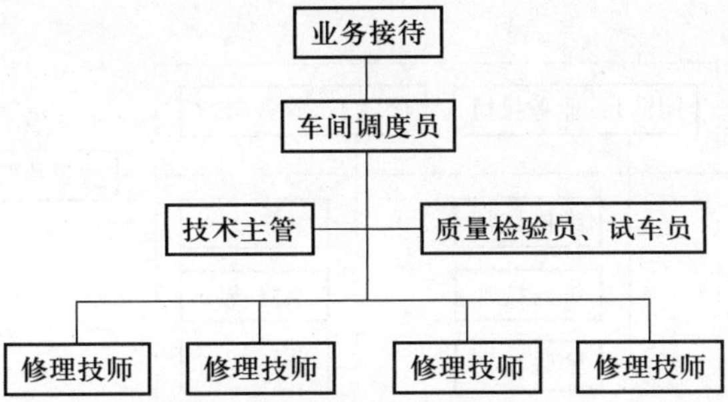

图 2-1 传统管理模式的组织结构

2. 团队管理模式的组织结构

团队管理模式是相对于传统管理模式而言的,团队管理模式以前仅应用于小型维修企业。近年来,随着品牌专修企业的不断发展,维修企业服务意识的增强,为避免传统管理模式的一些弊端,逐渐引入团队管理模式,并赋予一些新的含意,这样使得团队管理模式有了较大的发展。

团队式管理模式就是将维修人员分成几个大的班组,由 1 名业务接待带领 1 个班组,组成 1 个维修团队。每个维修团队就像一个组织严密的小型维修企业,整个维修企业的生产组织由这样的若干个维修团队组成。在团队式管理模式中,业务接待不仅负责与用户接触的一系列工作即预约、接车检查/开任务委托书、结算交车、跟踪回访等工作,而且还担负维修生产派工、维修进度控制、各维修工序的衔接等生产管理工作。在这种模式中,取消了车间调度员岗位,由业务接待(也就是该维修团队的管理者)直接对维修班组进行生产管理。为简化派工手续,业务接待可直接向维修人员下达任务委托书进行派工,而不需再另开派工单。在维修生产中,维修进度、各维修工序的衔接由业务接待来进行统一协调、控制,业务接待便是维修车间的几个班组的核心。质检员负责对维修车辆的中间检验、竣工检验以及维修质量的检查、监督、记录工作。试车员负责承修车辆的道路试验工作。

在团队管理模式中,业务接待的工作性质较复杂,因此要求业务接待具备较高的

综合素质。一般要求业务接待具备下列几种能力:

1) 业务接待能力:能够接待用户,处理用户问题。热情大方,彬彬有礼,脑筋灵活,表达沟通能力强,处理特殊问题的应变能力强。

2) 维修基本能力:能够熟练驾驶车辆进行试车,并有维修技术功底,对所修的主要车型熟悉,能够进行初步的故障诊断与检验。

3) 计算机操作能力:现代维修企业许多都采用了计算机管理信息系统,所有的业务流程中都离不开计算机管理软件,这就要求业务接待具备一定的计算机管理软件、办公软件的操作能力。

4) 生产管理能力:在团队管理模式中,业务接待还取代了调度员而去直接进行维修生产作业的派工、协调,这就要求业务接待具备一定的生产管理能力。

团队管理模式的组织结构如图 2-2 所示。

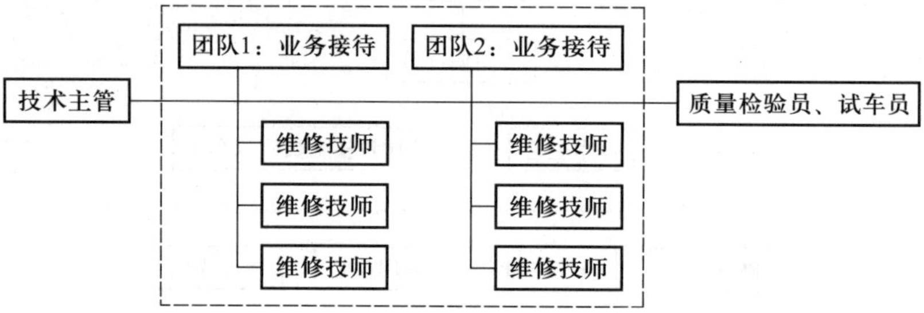

图 2-2 团队管理模式的组织结构

3. 整车维修一类汽车维修企业的组织机构

一类汽车维修企业的特点:一是规模较大,有的企业员工甚至达到上百人或几百人;二是专业化程度高。整车维修一类企业的组织机构如图 2-3 所示。

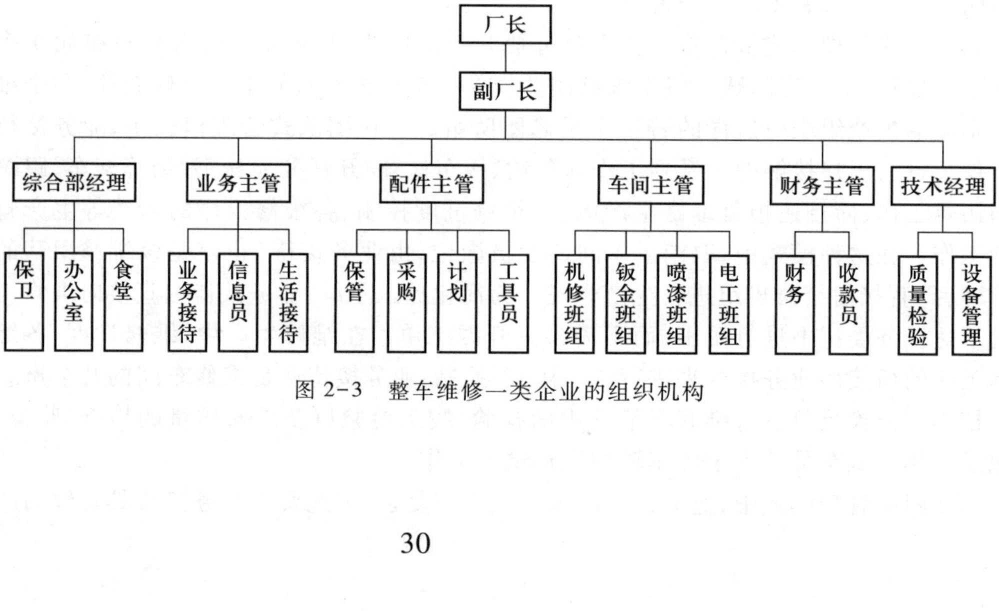

图 2-3 整车维修一类企业的组织机构

4. 3S 或 4S 店特约服务站常见组织机构

现代汽车维修特约服务站一般为 3S 或 4S 店,组织机构如图 2-4 所示。

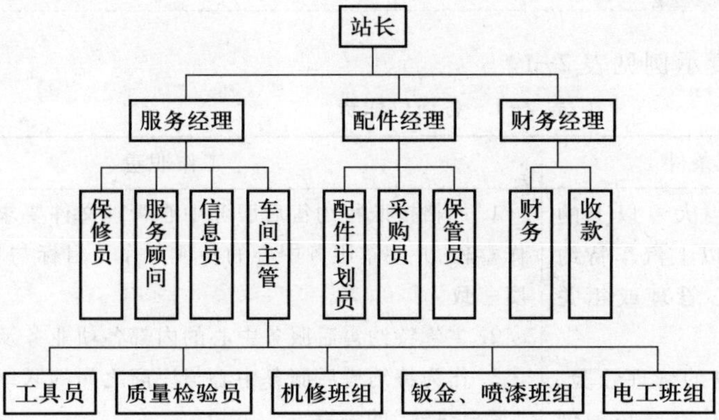

图 2-4 3S 或 4S 店特约服务站常见组织机构

知识链接

1. 水桶理论

一只木桶能装多少水不是取决于最长的木板,而是取决于最短的木板。

2. 团队的基本要素

1) 全员参与管理:只有全员参与管理,才能建立团队精神。因此,要求在组织内人人都是执行者,人人都是管理者。

2) 互补的技能:发挥每一个人的技能,做到“1+1>2”。

3) 共同的目的和业绩目标:目的是共同的,但要分解为具体的工作业绩。

4) 共同的方法:避免内耗,寻找共同的工作方法。团队成员在具体问题上要达成一致。

5) 相互的责任:为共同目标努力时,责任心和信心随之而来。这种责任是对自己的承诺,也是对他人的承诺。

3. 团队领导的素质

火车跑得快,全靠车头带。团队领导应有这些素质:心地宽容,胸怀坦荡;遇困难身先士卒;积极乐观的态度。

案例

小王和小张是某修理厂的两名员工,小张负责车辆四轮定位工作,小王负责底盘维修。两人有不少矛盾,工作上不配合。这天,小王更换了一辆尼桑蓝鸟车的横拉杆球头,更换后,拉杆球头螺钉没有紧固,就交给了小张。小张将车在定位仪上测量,发现数据正常,就将车交给了客户。客户行驶不到两天,拉杆球头脱落,险些造成事故。

最后厂里对小张和小王进行了严肃处理。这本是一场不应发生的维修质量事故。小王在向下道工序交接前，应该提醒同事螺钉未紧固；小张定位后，应检查螺钉。由于他俩不团结，安全意识差，造成了这起事故。

2.2 各岗位职责

各岗位职责示例见表2-1。

表2-1 各岗位职责

岗位	任职条件	工作职责
站长	1. 具有相当大专以上的学历，有三年以上汽车特约售后服务中心管理或相关经验 2. 具有丰富的管理经验、组织协调能力，有开拓和创新的精神 3. 会熟练使用计算机进行管理	1. 严格按照特约售后服务中心管理文件要求，制定相应的工作章程，并使本服务中心的各项工作及目标与相关要求保持高度一致 2. 主管特约售后服务中心的内部各项业务及对外业务开拓 3. 作为特约售后服务中心与厂商之间的联络人，贯彻并实现“客户热忱”的宗旨 4. 审核签发向厂商市场营销部、售后服务部提供的相关报表和文件 5. 负责接待和处理重大客户投诉 6. 对客户满意度的改进进行总体协调，保证厂商成绩的稳步提高 7. 组织协调各部门完成厂商所布置或委托进行的各项特殊工作或活动 8. 贯彻并组织实施厂商的在任何时期发布并要求实施的规定、规程和制度 9. 保证本售后服务中心以公平的竞争姿态进行各项市场行为 10. 保持与厂商的相关部门的适时交流与沟通 11. 负责制订并执行每年人员培训计划及后备人员储备计划 12. 负责售后服务跟踪的整体运作 13. 负责整个服务工作流程的不断优化
计算机系统管理员/ DMS维护	1. 具有大专以上的学历 2. 熟悉计算机网络的运作及系统	1. 负责售后服务中心计算机系统正常运作及日常保养 2. 做好售后服务中心网络操作人员的工作指导 3. 负责售后服务中心的系统维护
服务经理	1. 具有相当大专以上的学历 2. 有三年以上汽车修理方面或相关经验 3. 具有很强的管理经验、组织协调能力和指挥能力 4. 会熟练使用计算机进行管理	1. 监督、指导业务接待、保修的具体工作 2. 对业务接待人员和保修人员进行考核 3. 负责保修体系严格按厂商保修政策正常运作 4. 主持重大质量事故及客户投诉的处理 5. 制定、安排和协调服务工作的具体开展，协调业务接待、保修、收银、维修车间、配件之间的关系 6. 严格按照厂商特约售后服务中心运作标准的相关要求开展工作

续表

岗位	任职条件	工作职责
服务经理		7. 控制本部门内部的定期工作质量审核及改进 8. 积极开展和推进各项业务工作，控制管理及运作成本，完成内部拟订的业务目标 9. 做好业务统计分析工作，定期按时填写厂商及售后服务中心所要求的各种报表 10. 协调本部门全面开展相关的各项工作及活动 11. 定期保持与厂商的各项业务的适时交流与沟通 12. 负责确定所辖员工的半年培训需求及计划 13. 负责业务接待和投诉处理工作流程的不断优化
服务助理	1. 具备相当大专以上学历 2. 五官端正，具有亲和力 3. 熟悉计算机操作 4. 具有很强的与人沟通交谈的能力	1. 及时热忱地接待客户，发放号牌 2. 引导客户到休息区 3. 按次序合理安排业务接待工作 4. 严格按照服务流程进行业务操作 5. 认真妥善完成车辆接待的协调工作
业务接待	1. 具备相当大专以上学历 2. 具有二年以上轿车实际修理或相关经验，具有对车辆故障进行检查和判断的能力 3. 熟悉计算机操作，具有办公自动化软件操作的合格证书 4. 具有很强的与人沟通交谈的能力	1. 亲切热忱地接待客户，并实行首问负责原则，对所接待的客户负责及时联系和解答客户疑问 2. 严格按照业务接待流程进行业务操作 3. 严格遵循厂商保修政策进行保修操作
车间主管	1. 具备相当大专以上学历 2. 具有四年以上轿车实际修理经验，具有对车辆故障进行检查和判断的能力 3. 有安全生产、环境保护方面的工作经验 4. 有一定的管理能力和较强的组织协调能力	1. 车间维修人员的工作合理安排及车间广告牌的调整 2. 开展并控制车间5S具体实施 3. 负责重大质量事故的处理 4. 维修车间的安全生产和环境保护 5. 负责车间专用工具的使用和保管，负责同厂商售后服务部联系，以得到技术援助 6. 控制维修质量及生产成本 7. 协调车间与业务接待间的关系，保证车辆维修的按时按质按量完成 8. 对车间管理人员和维修工进行考核 9. 负责确定所辖员工的半年培训需求及计划 10. 负责车间工作流程的不断优化

续表

岗位	任职条件	工作职责
维修技师	1. 具备高中以上学历 2. 具备技术等级证书 3. 有三年以上的轿车实际修理经验，具备对车辆故障进行检查和判断的能力	1. 严格遵守厂商标准维修程序，对客户车辆进行维修、保养 2. 当维修内容发生更改时，及时通知车间主管 3. 做好车辆维修后的后续整理工作 4. 熟悉厂商质量担保工作业务知识，认真检查保修车辆，有问题及时反馈给有关人员
质检人员/试车员	1. 具有高中以上学历，三年以上维修经历 2. 经交通主管部门专业培训、考核并取得质量检验员证 3. 经正规驾驶培训，取得中级以上驾驶员技术等级证书	1. 对车辆进行试车检验 2. 对维修车辆进行质量检验及反馈，保证维修质量 3. 统计质量检验结果，并提交改进的意见和建议 4. 遵守道路交通法规，保证自身及客户车辆的安全 5. 及时有效地与车间管理人员、维修技工进行交流和沟通，尽量避免返修
车间设备管理员	1. 具备高中以上学历 2. 具有一年以上轿车维修设备管理工作或相关经验	1. 特约售后服务中心车辆维修设备的维修、保养及添加 2. 及时向厂商售后服务部设备专员汇报本中心设备方面的信息 3. 负责本中心车辆维修设备保养方面的培训
质量信息反馈员	1. 具备大专以上学历 2. 有三年以上轿车实际修复经验或相关工作经验	1. 负责本中心质量信息的收集与汇总 2. 负责本中心与厂商之间质量信息的及时反馈与沟通
保修员	1. 具备相当大专以上的学历 2. 具有二年以上的轿车实际修理或相关经验，有很强的对车辆故障及维修配件进行检查和判断的能力 3. 坚持原则，能严格按厂商保修条例及程序处理保修业务 4. 具有较强的沟通能力 5. 熟悉计算机操作	1. 熟悉厂商质量担保工作业务知识 2. 认真检查保修车辆，做出质量鉴定 3. 按照厂商保修条例办理保修申请及相应保修事务 4. 主动收集、反馈有关车辆使用质量、技术方面的信息 5. 积极向客户宣传厂商保修条例 6. 积极主动地协助业务接待对车辆的维修保修进行鉴定，保证保修的准确性 7. 客观真实地开展保修工作，不得弄虚作假 8. 定期整理和妥善保存所有的保修档案 9. 在厂商开展质量返修或相关质量活动时，负责统计和传递相关信息
配件经理	1. 具有相当大专以上的学历 2. 有二年以上的汽配供销管理或相关经验，熟悉目前汽配市场行情	1. 按照厂商配件运作要求组织督促配件工作人员做好售后服务中心的配件管理工作 2. 根据厂商的要求和市场的需求合理调整库存，将库存周转率控制在合理的范围以内，加快资金周转，减少滞销品种 3. 根据保证金设置的要求，确保在账户中有充足的保证金余额

续表

岗位	任职条件	工作职责
配件经理	3. 有较强的组织能力和协调能力 4. 会熟练使用计算机对配件进行管理	4. 对售后服务中心工作人员进行配件业务的培训 5. 协调好配件部门和其他业务部门的关系，确保维修业务的正常开展 6. 及时向厂商配件部门传递汽配市场信息和本站业务信息 7. 审核签发向厂商市场营销部售后服务订购配件的有关文件 8. 审核签发向售后服务部提供的月度报表文件 9. 严格控制配件的采购及销售，保证只向厂商订购纯正的配件，不得参与购买非厂商提供的假冒伪劣配件及倒卖配件的行为 10. 负责确定所辖员工的半年培训需求及计划 11. 负责配件工作流程的不断优化
配件计划/订购员	1. 具有中专以上学历，有二年以上汽配工作或相关经验 2. 熟悉汽车配件，并能熟练使用计算机进行操作 3. 对汽配市场信息较敏感，工作踏实，责任心强 4. 熟悉仓库管理或物流管理	1. 熟悉本中心车辆维修业务需求，仓库或物流管理，合理安排库存，确保售后服务中心业务的正常开展 2. 根据厂商有关配件计划、订购的规定，开展配件的计划、订购工作，正确、及时填写和传递配件订货单 3. 对配件供应的及时性、正确性负责，并保证订购厂商纯正配件 4. 跟踪保证金余额，遇到保证金不足的情况及时向配件经理汇报
配件销售员	1. 具有中专以上学历，有二年以上汽配工作或相关经验 2. 熟悉汽车配件，能使用计算机进行操作 3. 对汽配市场信息较敏感，工作踏实，责任心强	1. 熟悉汽配市场的需求，合理开展配件的销售工作 2. 保证向客户提供厂商的纯正配件 3. 发现非纯正配件，按规定及时向厂商售后服务部汇报有关配件销售方面的市场信息
配件收发员	1. 具有中专以上学历，有二年以上汽配工作或相关经验 2. 熟悉汽车配件，能使用计算机进行操作 3. 工作踏实，责任心强	1. 负责配件的仓储收发管理及库存盘点 2. 及时向配件计划员通报配件库存情况 3. 及时向配件计划员通报新到配件损坏情况，并按厂商要求组织破损件的回运
财务经理	1. 经专业培训并取得会计中级证书 2. 有三年以上财务工作和管理经验	1. 负责售后维修中心的业务结算 2. 了解厂商配件修理/保修政策，督促配件/保修严格执行厂商的配件/保修政策 3. 负责本中心成本核算及确定下年的资金需求计划

续表

岗位	任职条件	工作职责
财务经理	3. 为人诚实,作风正派	4. 负责确定所辖员工的半年培训需求及计划 5. 负责财务工作流程的不断优化
会计	1. 经专业培训并获会计证 2. 有二年以上的会计、结算工作经验 3. 为人诚实,作风正派	1. 热忱地与客户进行维修费用结算 2. 会计报表制定和年度会计总结等
出纳/结算员	1. 经专业培训并获“会计证” 2. 有二年以上的会计、结算工作经验 3. 为人诚实,作风正派	1. 热忱地与客户进行维修费用结算 2. 会计报表制定和年度会计总结等
客户服务中心经理	1. 具备大专以上学历 2. 有二年以上汽车修理方面或相关工作经验 3. 具有很强的管理经验、组织协调能力和指挥能力	1. 负责本中心的预约和跟踪服务运作 2. 负责预约和跟踪信息的汇总和分析 3. 负责处理预约和跟踪中所遇到的客户投诉 4. 负责确定所辖员工的半年培训需求及计划 5. 负责预约及跟踪工作流程的不断优化
服务质量跟踪员	1. 具备大专以上学历 2. 有二年以上汽车修理方面或相关工作经验,很强的与人沟通的能力	1. 及时整理和完善客户及车辆维修档案资料 2. 及时电话跟踪:维修保养交车后3个工作日内对客户进行电话跟踪访问,确认客户对修车的满意度,记录并及时反馈信息给站长 3. 定时后续跟踪服务:提前两周提醒客户定期保养车辆并记录,并在日期将至时再次通知 4. 提供定期上门访问名单:选择一定比例的客户名单进行上门访问,将跟踪信息按时汇总 5. 及时将质量跟踪的结果与相关的部门进行沟通和协同,消除客户抱怨 6. 统计和整理客户档案,科学地进行管理
预约(可兼)	1. 具备高中以上学历 2. 有二年以上汽车修理方面或相关工作经验,很强的与人沟通的能力 3. 熟悉计算机操作,具有办公自动化软件操作合格证	1. 负责本中心的所有电话预约(通常情况下,服务顾问助理进行预约工作) 2. 负责建立预约客户档案和预约客户车辆档案 3. 负责预约数据的汇总
24小时急修服务	1. 具备高中以上学历 2. 有三年以上汽车修理方面或相关工作经验,具备	1. 负责本中心的24小时急修服务 2. 负责急修服务的统计及汇总

续表

岗位	任职条件	工作职责
24 小时急修服务	对车辆故障进行检查和判断的能力 3. 执 B 照驾驶证	
内训经理	1. 具备大专以上学历 2. 有三年以上轿车修理方面工作经验，具备对车辆故障进行检查和判断的能力 3. 有良好的语言表达能力	1. 负责本中心内部培训 2. 制定和落实厂商的技术培训和非技术培训计划 3. 确实掌控 ASC 内部的培训率，并根据培训率的高低，提出改进的意见和建议 4. 负责确定所辖员工的半年培训需求及计划 5. 监督和考核本中心员工的内部培训和厂商培训效果 6. 负责本中心内训工作流程的不断优化
内训师(内训)/技术主管	1. 具备大专以上学历 2. 有三年以上轿车实际修理经验，具备对车辆故障进行检查和判断的能力 3. 有较好的语言表达能力	1. 维修车间的现场技术指导 2. 确实落实厂商的技术培训计划 3. 确实掌控内部技术的培训率，并根据培训率的高低，提出改进的意见和建议 4. 对员工的内部技术培训进行考核 5. 收集和分析重大技术案例 6. 负责维修技工的内部技术评定 7. 负责内部技术难题攻关
内训师(非技术)	1. 具备大专以上学历 2. 有三年以上服务管理经验或相关工作经验 3. 有较好的语言表达能力	1. 确实落实厂商的非技术培训计划 2. 确实掌控内部非技术的培训率，并根据培训率的高低，提出改进的意见和建议 3. 对员工的内部非技术培训进行考核 4. 收集和分析重大非技术案例 5. 负责本中心非技术难题的攻关

知识链接

高绩效团队建设的五大要素

(1) 营造一种支持性的人力资源环境

为了创造一支高绩效的团队，管理层应该努力营造一种支持性的人力资源环境，包括：倡导成员多为集体考虑问题，留下足够多的时间供大家交流，以及对成员取得成绩的能力表示有信心。这些支持性的做法帮助组织向团队合作迈出了必要的一步，因为这些步骤促进了更进一步的协调、信任和彼此之间的欣赏。管理者需要为此架构一种良好的沟通平台。

(2) 团队成员的自豪感

每位成员都希望拥有一支光荣的团队，而一支光荣的团队往往会有自己独特的标志。像某些企业的喷漆车间，喷漆质量在当地属一流，喷漆一流是他们的标志，也是他们的骄傲。如果缺少这种标志，或者这种标志遭到破坏，员工作为团队成员的自豪感就会荡然无存。许多无知的管理者不知道，团队成员的自豪感，正是成员们愿意为团队奉献的精神动力。因此，从创建公司的形象系统，到鼓励各部门、各项目小组营造一种英雄主义的亚文化，都会对团队的创造力产生积极的、深远的影响。

(3) 让每一位成员的才能与角色相匹配

团队成员必须具备履行工作职责的能力，并且善于与其他团队成员合作。只有这样，每一位成员才会清楚自己的角色，清楚自己在每一个职能流程中的工作位置以及上一道工序和下一道工序。只有这样，每一个进入团队的人，才能真正成为一个团队成员。如果做到这一点时，成员们能根据条件的需要，迅速行动起来，而不需要有人下命令。换言之，团队成员能根据工作的需要自发地做出反应，采取适当的行动来完成团队的目标。高效率的团队需要每一位成员的才能与角色相匹配，并且在工作中，同心协力，全力以赴。

(4) 设定具有挑战性的团队目标

企业领导的职责不是自己的工作量有多少，其职责应是为团队设定一个具有挑战性的目标，并激励整个团队向整体目标努力。企业领导应让每一位成员意识到只有所有成员全力以赴才能实现目标，鼓励每一位成员的团队协作精神。这样能集中员工的注意力，一些内部的小矛盾往往会消失得无影无踪。如果在整个团队全力以赴的时候还有人患得患失，自私自利，其他人就会谴责他。这样，整个团队会团结得更加紧密。

(5) 正确的绩效评价

企业进行绩效评价有两个目的：

1) 绩效评价的评核性。希望通过对员工的考核，判断他们是否称职，从而切实保证他们与职位的匹配、报酬、培训等工作的科学性。

2) 绩效评价的发展性。希望通过绩效评价帮助员工找出绩效差的真正原因，激发员工的潜能。

2.3 汽车维修业务流程

2.3.1 汽车维修服务流程

车辆维修是车辆维修企业围绕客户及车辆所展开的各项技术服务工作，其中车辆是企业间接的服务对象，客户才是企业直接的服务对象。因而车辆维修企业的业务管理必须充分体现“以人为本”的特点，充分围绕客户这一中心展开各项服务活动。车辆维修企业的生产与运作就是如何使车辆维修企业的生产运作过程更具合理性、科学性和经济性，体现生产运作过程的高效性，以充分适应企业本身的特点，充分挖掘企业发展的潜力，最大限度地满足客户的需求。因而它是一个涉及运作流程设计、客户关系、信息资源、计划管理和市场开发的系统工程。

现代车辆维修企业一般采用“以客户为中心”的服务流程，其步骤为：

1）预约——倾听用户，详细记录。

2）准备——全面准备。通知有关人员（备件、车间等）。

3）接车——检查车辆，详细记录。

4）维修——正确地进行所承诺维修工作。

5）检查工作质量。

6）解释工作和开发票。

7）电话跟踪服务。

还可以细分为：

1）预约——倾听用户，详细记录。

2）预约准备——全面准备。通知有关人员（备件、车间等）。

3）接车，制作工单、估价。

4）派工。

5）完成工单。

6）检查质量。

7）服务顾问接车，确认故障是否清除。

8）打印预览发票。

9）结算。

10）满意度调查。

汽车维修服务运作流程如图 2-5 所示。

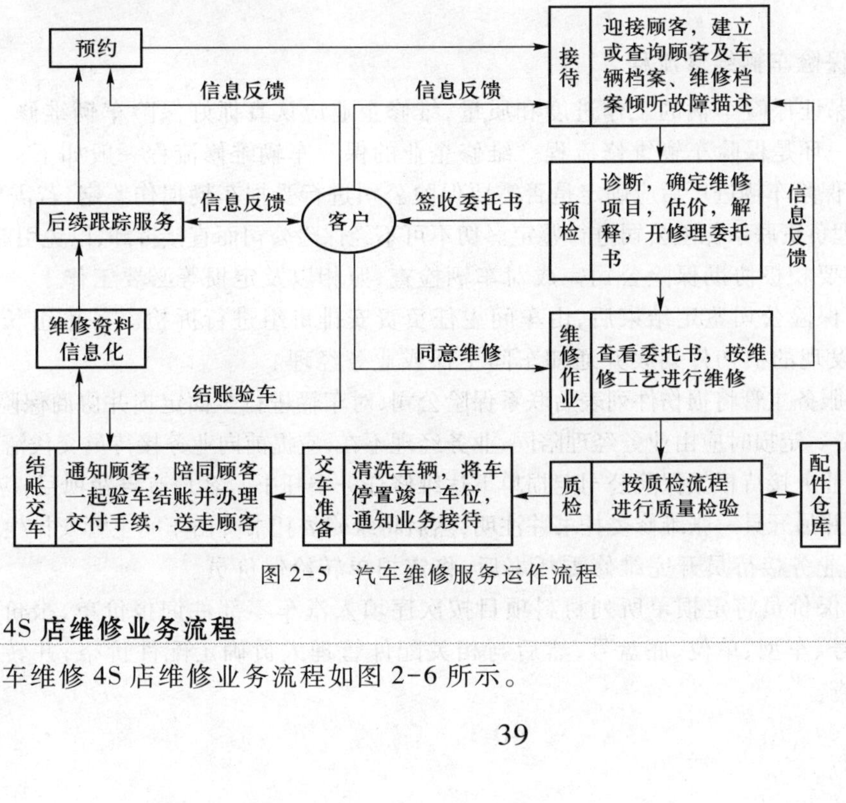

图 2-5　汽车维修服务运作流程

2.3.2　4S 店维修业务流程

汽车维修 4S 店维修业务流程如图 2-6 所示。

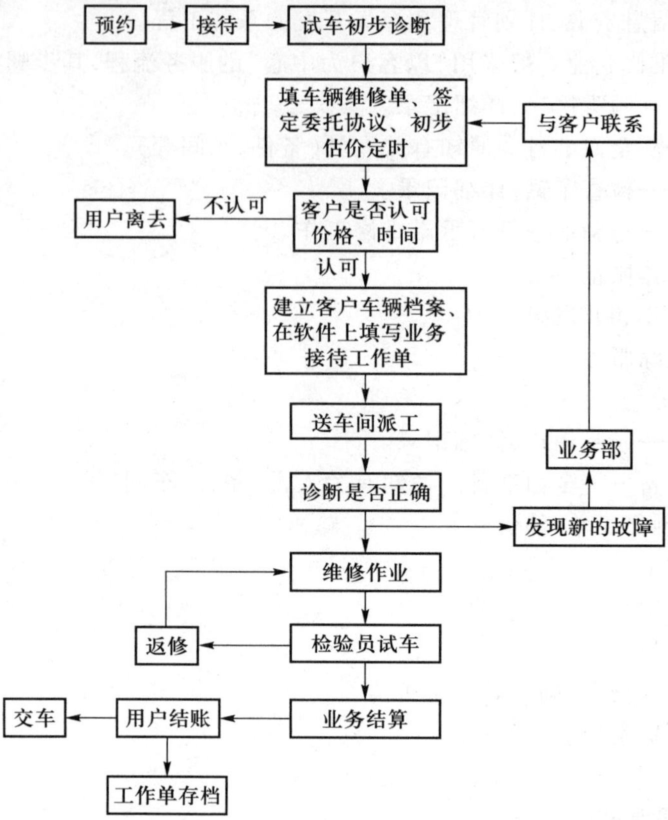

图 2-6　4S 店维修业务流程

2.3.3　保险车辆维修流程

为保证保险车辆的工作进度和质量，维修企业应认真抓好保险车辆维修，其中很重要的一环是保险车辆维修流程。维修企业的保险车辆维修流程一般如下：

1）保险车辆进厂后应确定是否需要保险公司进行受损车辆损伤鉴定，若需要，由业务员经理负责联系保险公司进行鉴定。切不可不经保险公司而直接拆卸，以免引起纠纷。

2）要积极协助保险公司完成对车辆检查、照相以及定损等必要工作。

3）保险公司鉴定结束后，由车间主任负责安排班组进行拆检。各班组长将拆检过程中发现的损伤件列表并通知车间主任或业务经理。

4）服务主管将损伤件列表后联系保险公司，对车辆进行全面定损并协商保险车辆维修工时费。定损时应由业务经理陪同，业务经理不在，应提前向业务接待员交代清楚。

5）业务接待根据保险公司定损单下达维修任务委托书。客户有自费项目，应征得客户同意，并另开具一张维修委托书并注明，然后将维修委托书交由车间主管安排生产。

6）业务接待员开完维修委托书后，将定损单转给保价员。

7）保价员将定损单所列材料项目按次序填入汽车零部件询报价单，报价单必须注明车号、车型、单位、底盘号，然后与相关配件管理人员确定配件价格，并转给配件主管审查。

8）报价员在备件主管确定备件价格、数量、项目后，向保险公司报价，并负责价格的回返。

9）报价员将保险公司返回价格交备件主管审核，如价格有较大出入，由业务经理同保险公司协调。报价员将协调后的回价单复印后，将复印件转备件主管。

10）对于定损时没有发现的车辆损失，由业务经理协调保险公司，由保险公司进行二次查勘定损。

11）如有用户要求自费更换的部件，必须由客户签字后方可到备件库领料。

12）保险车维修完毕后应严格检查，确保维修质量。

13）维修车间将旧件整理好，以便保险公司或客户检查。

14）检查合格后，维修任务委托书转业务接待员审核，注明客户自费项目。审核后转结算处。

15）结算员在结算前将所有单据准备好，由业务接待员通知客户结账，业务经理负责车辆结账解释工作。

16）如有赔款转让由业务经理协调客户、保险公司办理。

知识链接

汽车维修服务的规范

1. 服务用语规范

维修企业常用服务用语如下：

1）接电话时，首先问“您好”。

2）要求客户提供证件或询问时，要“请”字在先，结束时“谢谢您”。

3）因某种原因表示歉意时，要说“很抱歉”“对不起”。

4）客户对你表示谢意，应回答“别客气”。

5）在办理业务中，因某种原因需暂时离开或暂停一下，应向客户说“对不起，请稍候”。

6）若因故离开岗位，回来后应向用户说“对不起，让您久等了”。

7）共享语：您好，请，谢谢，对不起，请原谅，很抱歉，别客气，没关系，欢迎光临，请多提宝贵意见，让您久等了，谢谢合作，欢迎再来，再见。

2. 身体语言规范

眼神诚实自信。

走路抬头挺胸。

手臂摆动得体自然，不做作。

面部肌肉放松，不紧张。

表情友好和善。

与人交谈对视时让人感到自在。

与客户保持合适距离，应不远不近。

与客户谈话身体略微前倾，不要双臂交叉胸前。

谈话时充满兴致。

移动身体自然，不别扭，不随意。

3. 微笑服务规范

微笑服务是业务接待的基本服务手段。

与客户交谈时要保持微笑。

客户不满意时要保持微笑。

电话服务时也要微笑，让客户感觉到你在微笑。

4. 仪表形象规范

服装整洁、得体。

整体修饰职业化。

头发长短合适，不怪异。

牙齿清洁、指甲干净。

皮鞋擦亮。

气味清新。

化妆得体，不浓妆艳抹。

5. 电话服务规范

一个人对另一个人的印象取决于见面的头三秒钟，而电话上你问候客户的方式就决定了客户对你的感觉。企业的电话服务规范应统一，不应一人一个样。

铃响三声应接听。三声之后，客户耐心会减退，甚至对企业产生怀疑。

问候来电者。可用“您好”“早上好”等。

自报单位。也可以报上自己的名字。

询问客户需要什么帮助。

接听电话，可以这样：“您好！××汽车维修厂，我能为您做些什么？”

6. 与客户交谈规范

态度真诚。谈话态度应真挚、稳重、热情，不可冷淡、傲慢。

精神专注。专注是对人的一种尊重，交谈时不可东张西望、心不在焉。

语言得体。语言简洁明了，不要含糊其辞或啰唆。

内容适宜。谈话内容应是有益的，不要谈及对方反感的问题。

谦恭适度。谈话要谦虚，适当地赞扬对方也是可以的，但不可吹牛拍马，曲意逢迎。

思考与研讨

1. 分组企业实践，调研一个汽车维修企业组织机构及人员分工情况。分组进行展示及分析。

2. 叙述并分析维修企业各岗位职责及任职条件。小组研讨应补充的岗位及职责，可能应该完成的任务。

3. 分组讨论。对维修业务流程的关键环节进行认真分析。

单元 3　维修预约服务

学习目标

知识目标

1. 简单叙述预约流程。
2. 正确描述预约前的准备及注意事项。
3. 简单叙述预约后的工作。

能力目标

1. 能分析、解决预约时遇到的各种问题。
2. 能进行预约的准备与后续处理工作。
3. 能熟练掌握电话预约的技巧。

3.1 预约服务流程

维修服务中预约是非常重要的。预约是用户与维修服务核心流程的第一次接触。用户对汽车品牌的承诺抱有很高的期望。用户在最初的接待中对服务质量的体验取决于他的预期,这意味着用户对初次接触有很高的期待。这次接待必须出色,以超出用户的期望。没有第二次机会来形成良好的第一印象。

预约的目的是做好主动预约和被动预约工作。了解用户预约内容及需求并做好充分准备。通过全方位的预约服务,最大程度满足用户,提高特约售后服务的工作效率。

预约具有重要的意义。对资源合理调配,提前制订合理的维修方案,平衡维修时间,削峰填谷。提升品牌形象,提高用户满意度,时间有保障。对价格提前有了解,问题透明,心里有底。可以方便安排日程,可以得到更多的关照。图3-1为某4S店预约前与预约后日业务量比较图示。

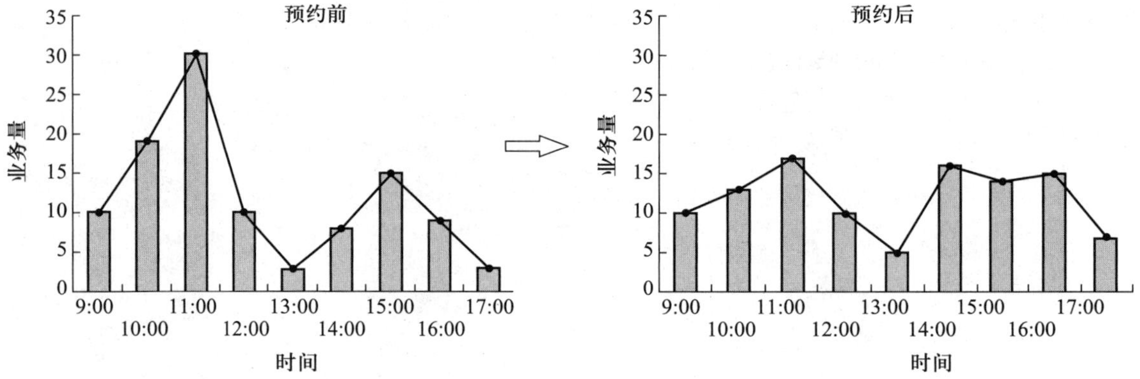

图3-1 某4S店预约前与预约后日业务量比较图示

预约的考虑因素:

1)车间的人员状况。

2)服务顾问的接车时间安排。

3)客户的特殊需要是否可以满足。

4)相应配件的库存情况。

5)维修项目的工作量。

4S维修站的预约服务流程如图3-2所示。

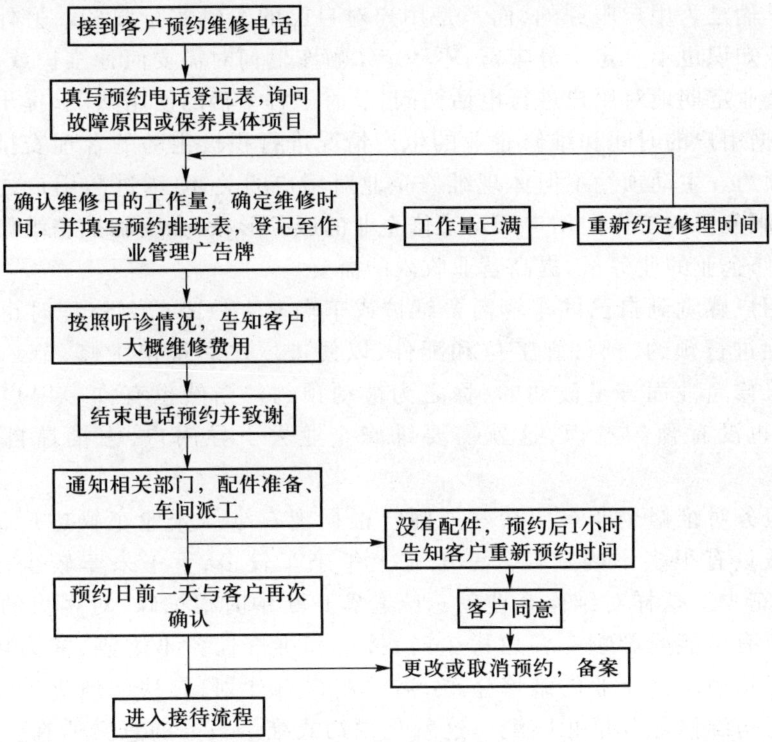

图 3-2　预约服务流程图

知识链接

1. 预约实施规范

1）车辆保养电话预约应在保养前一周进行，信函预约应在保养前两周进行。

2）对预约的客户应做好预约记录，并通知车间、配件部门。

3）对预约的客户要预留工位、配件和维修人员。

4）预约日前一天再提醒客户。

2. 预约服务应注意的问题

进行预约时，一个重要的基本原则是每天都为未预约的客户和所谓的“紧急情况”保留一定的生产能力。预约最大工作能力一般不超过 80%。

3.2 预约准备

1. 预约的好处

充分的预约准备可以提高工作效率，让用户更满意。

为什么要进行预约？许多用户因时间的原因不可能对自己的车辆时时关注，因为用户的车辆是为用户服务的,而不是用户对自己的车辆实行服务。另外因为用户的汽车专业知识也不一定十分丰富,不一定了解车辆何时需要何种维护或修理,这就需要维修企业定期地对用户进行电话访问,及时了解车辆的使用状况,提出合理的维修建议,根据用户的时间和维修企业的生产情况进行积极主动的合理安排。这样称之为主动预约。主动预约不但体现维修企业对用户的关怀,增进与用户之间感情交流,这也是服务营销工作向用户展示维修企业的服务形象,介绍和推销维修企业的服务,增加维修企业的业务量,提高营业收入的需要。

有的用户感觉到自己的车辆需要维护或车辆发生故障需要修理时也会给维修企业打电话进行预约,预订好工位和配件,以便进厂之后很快维修,节约自己的时间。这对维修企业而言是被动的,称之为被动预约。当然也有许多用户时间观念不是很强,也没有预约意识,这就需要维修企业去引导用户,去推销自己的预约服务。

预约服务对维修企业有什么好处呢?根据现有维修企业车辆进厂情况来看,车辆进厂数量有很多不确定性。一般是上午来车较多,下午来车较少,平时来车多,周末来车少。这样对维修企业就意味着客户集中时很忙碌,对客户的接待和维修工作质量有可能受影响。客户稀少时,接待和维修任务不饱满,能力闲置,资源浪费。为了均衡维修企业的维修生产,需要用户有计划、有秩序地进厂维修,以达到维修能力与维修业务量相匹配。这就是预约式维修服务的意义所在。预约是汽车维修服务流程的第一个重要环节,因为它构成了与客户的第一次接触,从而也就提供了立即与客户建立良好关系的机会。维修企业通过客户预约工作可以有效地控制客户数量,防止生产失衡,并有足够的时间去清楚地了解客户的需求。在客户到达前做好相应的备件、场地、设备、人员的准备,监控和安排所有可使用的工作时间,有效处理"随到"客户和返修。特别是对车辆定期维护业务的周期性特点,如果预约工作能有效展开,将使企业的各工作环节的衔接变得有效、平滑,工作效率大为提高,客户满意度也可得到有效提升。目前,预约已成为各维修企业普遍采用的服务方式。

预约对客户的好处:

1）维修等待时间大大缩短。

2）服务接待人员与客户接触的时间充分,更利于沟通。

3）交车时间更有保证。

4）预约可采取电话联系方式,并预先告知故障现象,免去客户来回奔波之苦。

预约对维修企业的好处:

1）错时服务能保证接待时间和接待质量。

2）均衡生产能避免工作拥挤,维修业务的削峰填谷能保证修车时间、交车时间和维修质量。

3）充分提高企业的场地、人员、设备的利用率,提高单车维修收益。

4）服务的井然有序可减少客户的抱怨,从而提高客户满意度及信任度。

预约对维修企业来说既是机会也是责任,机会是让客户在某一个约定时间将车开来，有更充足的时间向其提供完整的建议、更彻底地检查车辆。责任是必须遵守约定好的接车和交车时间，不能失约。客户很难接受因个人的原因而不能将车修竣的情况，事实上客户为了避免这种事情的发生已事先做了预约。在约定日期之前一定要确保一切都能准备妥当。

2. 主动预约前的准备

企业主动预约应做好各项准备工作。在维修企业，同用户的预约工作一般由业务接待或用户顾问来完成。在进行预约之前应该清楚两方面的情况。一方面应当了解用户信息和用户的车辆情况，如用户的名称、联系方式、车辆牌照号、车辆型号、行驶里程数、以往的维修情况、车辆需要做何种维护或有何种故障现象需要何种维修等。另一方面需要了解本厂的维修生产情况和收费情况，如维修车间是否可以安排工位、维修工、专用工具，资料是否可用，相应的配件是否有现货或何时到货，相应维修项目的工时费和材料费等。如果预约人员对以上两方面情况很清楚，那么同用户做预约就会得心应手。如果预约人员当时不清楚情况，就需要及时了解清楚之后再同用户电话确认。不要不清楚情况就盲目预约，以免到时无法践约给用户造成时间损失，引起用户抱怨，影响维修企业信誉。

预约人员同用户做好预约之后应当及时做好记录汇总，以便有据可查。

预约人员在客户到来之前比较相近的时间，比如与用户约定修车的前一天，对用户进行一次电话提醒，对预约进行进一步的确认。

维修企业为了更好地推广预约工作，在预约维修推广开始时，除了大力宣传预约给用户带来的利益外，还可以对能够准时践约的用户在维修费用上给予适当的优惠或赠送纪念品的方式进行鼓励。

需要指出的是，在进行预约工作时，企业必须履行自己的承诺，所有预约内容必须到位，不能预约与不预约都一样，对用户来说体现不出预约的好处，那样将打消用户对预约的积极性，导致推广预约维修困难。

如何鼓励更多的客户进行预约？一般做法有：

1）设专门的预约接待窗口。

2）预约在维修低谷时间的客户，可享受工时折扣及其他优惠政策。

3）广泛开展预约优点的宣传，接车及交车时直接向客户推荐，电话回访时介绍预约。

4）发放预约优惠卡，向预约客户赠送小礼物，向客户发信函进行介绍。

5）预约时客户可挑选接待人员，在接待区和客户休息室内放置告示牌，推荐客户进行预约。

6）在寄给现有客户和潜在客户的印刷宣传品中推荐预约，向预约客户提供免费安全检查或其他鼓励性优惠等。

知识链接

切记：不能遵守的诺言不可轻许！

在进行预约工作时，企业必须履行自己的承诺，所有预约内容必须到位，不能预约与不预约都一样，对用户来说体现不出预约的好处，那样将打消用户对预约的积极性，导致推广预约维修困难。

3.3　预约服务

3.3.1　预约电话内容

接听电话要迅速，认真倾听用户要求，询问并记录重要信息及车辆信息（地址、电话、牌照号等），按接听电话指南及预约计划表格记录下用户的希望和问题，并告诉用户企业能特别提供的服务，并征询意见。

一般预约内容有：

1）通过电话进行维修预约登记，填写预约登记表（见表 3-1）。

2）询问客户及车辆情况（核对老客户数据、登记新客户数据）。

3）询问行驶里程、客户的需求或车辆故障状况。

4）询问上次维修时间及是否重复维修。

5）确定接车时间（要留有准备时间，要主动控制）、接待员的姓名。

6）暂定交车时间（根据客户电话描述的故障现象、维修车间生产情况、配件库存情况等做出简单判断），注意留有余地。

7）告诉客户应带的相关资料（随车文件、防盗密码、防盗锁钥匙、维修记录等）。

8）提供价格信息（大致维修工时、配件价格等）。

9）介绍其他特色服务项目并询问客户是否需要这些服务。

表 3-1　维修预约登记表

客户名称	车型	电话	需要维修项目			预约时间	接待员
MA：维护　GR：一般维修　UR：单件维修　BS：车身　QS：快修							

记录用户信息和要求的电话指南，见表 3-2。

表 3-2 预约电话指南

1 记录详细的、最重要的用户信息	□ 用户姓名 □ 如是老用户,查找用户档案 □ 电话号码(单位/住宅)
2 记录新用户的最重要的车辆信息 对老用户核对车辆信息文件	□ 车辆类型 □ 登记牌号 □ 登记日期 □ 公里数 □ 车检证明
3 记录打电话的原因	□ 用户需求/用户希望,解决问题的方法提问(什么时候? 哪里发生? 多长时间?),业务接待员和技师 □ 填写需要定购的配件 □ 填写分派的专业人员工作时间
4 询问用户希望怎样检查车辆	□ 定单夹 □ 直接接车 □ 接车和送车服务 □ 业务接待员 □ 技师
5 积极地提供用户方便的接车时间	□ 早晨 从 到 □ 下午 从 到 □ 夜间接车 □ 填写预约分配表
6 积极提供替代交通工具	□ 备用车 □ 接车和送车服务 □ 自行车 □ 拖车服务 □ 出租车 □ 车间用车
7 提醒用户带文件、钥匙等	□ 维修记录 □ 登记文件 □ 收音机密码 □ 轮胎防盗螺栓钥匙 □ 车钥匙

3.3.2 预约电话技巧

1. 如何接听电话

客户对维修企业预约即被动预约。

如何接听电话决定了整个电话的结果,因此应按照电话礼仪的程序,按照合适的顺序,能给人留下积极的第一印象,并且可以传递直接信息。

首先在铃响三声之内拿起电话。铃响三声之内拿起电话是人们能够接受的标准。第三声之后,客户的耐心就会减退,甚至会对公司产生怀疑。因为无人接听电话,意味着许多令人不快的事情,例如:

你们公司管理制度松散,办公室连一个人都没有,也没人管;

你们公司人手不足,没有办事人员;

你们公司人员素质差，听见电话响，就是不去接；

你们公司停业了。

其次拿起电话问候来电者。接听电话应以问候作为开始，因为这样可以立即向客户表明企业的友好和坦诚。拿起电话应该先说“您好”“早上好”“下午好”等问候语。类似“嗨”这一类的词语也是问候语，但是很多客户并不喜欢这一类问候语，因此在问候客户时避免使用它，因为它过于随便。

自报姓名。这一基本的礼貌行为会让来电者，知道其已经同所要找的人、部门或公司联系上了。向来电者自报姓名能够节省双方大量的时间，及时地、顺畅地进入通话主题。如果是客户打进来的电话，要先报出公司名称，然后自报部门和自己姓名。

询问客户是否需要帮助。说一句“我能为您做些什么？”表明你和公司准备帮助客户，满足他们的需求。

一般在接听电话时应采用的三种方式是：

直线电话：“早上好，我是李芳，有什么需要帮忙的吗？”

给公司打来的电话：“您好，这里是××汽车服务公司，我能为您做些什么？”

接听一个部门的电话：“下午好，这里是业务前台，我是李芳，我能为您做些什么？”

2. 如何让对方电话等候

让对方电话等候，是客户最不愿意遇到的事了，但这种事又很难避免，这就需要业务接待员运用关于让客户等候的礼仪妥善处理：

询问客户是否可以等候。

等待客户的答复。

告诉客户让他们等候的原因。

提供等候时间的信息。

回到这条线路后，要对客户的等候表示感谢。

1）询问客户是否可以等候。每次在让客户等候之前必须先征得客户的同意。如果只是简单地对客户说“请您稍等一会儿”是不可以的。因为只是告诉客户稍等一会儿，而不是征得他的同意，然后等待他的答复。应该这样说：“您是否可以等我一会儿？”，然后等待他的答复。

2）等待客户的答复。如果条件允许，可以等待客户的答复。一般来说，客户都会说“好吧”“可以”来答复你。如果当时时间很紧，只说了“您是否可以等我一会儿？”还没有等到客户的答复，就“咔嗒”把电话挂了，这时客户会感到很震惊，以致一时无法对要求做出答复。但不必担心，如果出现了这种情况，可以假定他的沉默意味着同意，那就可以这样做，就让客户等候一会儿好了。

3）告诉客户等候的原因。经验证明，如果有礼貌地告诉客户必须等候的原因，大多数客户都是能够接受“等待”的，使等待就会变得很容易，但一定要为客户提供中肯可信的信息。例如：

“要等一会儿才能回答您的问题，因为我需要和经理商量一下。”

“我需要几分钟在计算机中查到那份文件。”

“我需要一两分钟的时间同其他部门核实一下。”

为了使客户了解到你所提供的理由是中肯可信的信息，而不是为劣质的服务找借口，业务接待员在回答客户时必须将理由说得中肯可信、简明扼要，避免使用“不清楚”“可能是”“这不是我们部门的事”等。

例如，想象一下接到了一位客户的电话，这位客户问他的车何时修好，何时能取？一种提供信息的答复是：“您可以稍等一会儿吗？我给维修车间打个电话。”而作为借口的答复是：“我不清楚您的车修得怎样了，我知道这段时间车间里在修车比较多，您的车修好还是没修好很难说，您稍等一会儿，我给他们打个电话，给您问问。”

4）提供时间信息。提供时间信息对客户能起到平静安心的作用。需要提供时间信息的具体程度，取决于认为客户需要等候的时间长度，如果需要他们等候的时间很长，就要认真地估计一下时间。根据等候时间的长短有三种情况：

① 短暂的等候时间（最多60s）。如果知道让客户等候的时间会很短，在等候之前，可以说：“请等一下，马上就好。”

② 很长的等候时间（1～3min）。这段时间对于客户来说，是没有料到会有较长时间的等候。这种情况下，较好的办法是不告诉客户需要等候的确切时间，而且要重新核实一下客户是否愿意等候。如：“我需要两三分钟时间同我们经理一起解决这个问题，您是愿意稍等一会儿呢，还是您希望我一会儿给您回电话呢？”

③ 漫长的等候（3min以上）。在客户还需要等很久才能真正得到所想要的答复时，最好的办法是在客户发泄怒气之前，在等待期间告诉他，一有消息及时给他回电话，应该每隔30s通知他正在处理他的问题的进展程度。

5）对客户的等候表示感谢。当你回到这条线路上时说“谢谢您”是一种很好的方式，这一行为算是圆满完成了这次等候，而且感谢了客户的理解和耐心。

例如，预约人员正在与经理商谈着一些重要事情，这时电话响了，预约人员马上拿起电话，问候了来电者，然后有礼貌地说：“我正在和经理商谈事情，很快就要谈完，您可以稍等一会儿吗？”，并等待着客户的答复。当客户表示同意后，预约人员接着说“谢谢”。在一分钟之内，预约人员又回到这条线路上对客户说：“谢谢您的等候，我能为您做些什么？”

3. 结束通话

即使预约人员在整个通话过程中丝毫不差地运用了电话礼仪，也不要低估以一种积极的语气和恰当的用语结束通话的重要性。下面是一些有效的结束通话的方式：

1）重复已采取的行动步骤，这会确保双方都能同意要做的事情。

2）询问客户是否需要为他做其他的事，这样做会给客户一个最后的机会来完成在通话过程中没有涉及的一些零星事务。

3）感谢来电人打来电话，而且让他知道业务接待非常感谢他提出的问题并引起了重视。

4）让来电人先挂断电话。这样做，他就不会感到话还未讲完就被挂上电话。

5）一旦挂断电话，就立即记下有关重要信息，避免忙于他事而忘记了。

知识链接

正确接电话的基本准则

(1) 立即接听电话。
(2) 告诉客户自己的姓名。
(3) 称呼客户的名字。
(4) 打电话时集中精力，同时不要注意其他事情。
(5) 站在客户的角度考虑问题。
(6) 清楚地表达自己。
(7) 认真倾听。
(8) 将客户的批评当作提高的机会。
(9) 绝不要推卸责任。
(10) 接通电话后不要简单地转给别人。
(11) 允诺回话（回复电话）。
(12) 讨论时做记录。
(13) 称呼客户名字，以积极方式再见。
(14) 让客户先挂断电话。
(15) 待人礼貌。
(16) 微笑。
(17) 解释工作订单的准备工作（当讨论工时和订单时）。
(18) 提供预约时注意细节。
(19) 重复已达成一致的预约时间。

3.4 预约后的工作

1. 预约后的准备

为了客户到来后很快地能够如约开展车辆维修，预约人员同用户做好预约之后应及时通知业务接待（预约人员也可能就是业务接待），以便在用户到来之前做好必要的准备工作。在停车位、车间工位、维修技师、技术资料、专用工具、配件、辅料等方面都应该准备齐全，尤其是维修技术问题的确认及维修方案的准备，以免到时影响维修工作效率和质量。

准备工作属于流程中的内部环节，与用户并无直接的接触。业务接待需及时通知维修车间与配件部门做好相应准备工作，维修车间、配件部门也应对业务接待的工作给予积极支持配合，如果这些工作不能够在用户到来之前做好，例如维修所需配件无法够采购到，那么应及时通知用户取消这次预约并希望用户谅解。但是这一切工作都应当在客户到来之前完成。如果可能,业务接待还应提前准备好任务委托书(或维修合同)。

2. 预约后应注意的问题

为客户到来做准备,与有关部门共同制定委托书。注意的问题:

1) 及时打印委托书,不要等用户来时再打印,以避免给用户造成准备不充分的印象,这样可为诊断车辆故障节约时间。

2) 检查最新的技术信息,如维修手册、备件资料。

3) 检查维修记录,确认是否返修。

4) 至少提前两天告诉备件和车间本次预约的内容,检查是否具备服务能力及遵守所有的承诺。

5) 准备所有文件及需要的项目,如:租车协议、替换车钥匙。

6) 如果有某项工作没有完成,需重新优先预约。

预约服务要有一定的软、硬件支持,如预约登记表、预约计划表、车间生产能力安排计划表(最好使用计算机,或在网站上发布可供预约的时间表)。

拥有足够的电话容量,以免客户电话联系时总是占线。

分别提前1天和提前1h与客户电话联络,以确定是否能如约维修,如果客户不能来,应马上取消这次预约并及时通知相关部门。

一定要努力兑现对预约客户的所有承诺,否则将影响以后预约工作的开展和企业的信誉。

客户无故超过预约时间30min还没到的,可以取消预约。

如果因企业原因不能执行预约,应提前通知客户、说明原因、致以歉意,并重新预约。

进行预约时,每天都为未预约的客户和所谓的"紧急情况"保留一定的生产能力。

为提高预约服务的计划性和有效性,要对预约服务的比例及预约服务的执行情况进行分析,总结经验,不断改进。

知识链接

预约案例

张先生是一家贸易公司的经理,生意十分繁忙。这两天感觉他开的桑塔纳轿车加速时有些发抖,于是开车到他经常光顾的一家维修站。刚一进门就看见业务接待桌前围了很多人,他等了半天才排上队,开好了派工单。张先生将车开进维修车间,看到车间车辆满满的,车间主任告诉他来得不是时候,再有半个小时才能给他检修,什么时候能修好,车间主任也说不清楚。这期间不停地有人打电话找张先生有事,张先生有点不耐烦了,决定不修了,就这样,他开着"带病"的车返回了单位。一连几天,他都开着这辆车办事,虽然有点不舒服,也只好勉强这样。忽然有一天,他接到一个电话,是原来曾经去过的另外一家修理厂的服务小姐打给他的,问他车辆状况怎么样?他把一肚子委屈一股脑向服务小姐倾诉,服务小姐问他什么时候方便,可以与她们预约,提前给他留出工位,准备好可能用到的配件和好的修理工。张先生想了想,决定次日早晨 9:00 去。第二天早晨 8:00,服务小姐就给张先生打电话,说一切工作准备就绪,问张先生什么时间赴约,张先生说准时到达。当张先生 9:00 开车到达修理厂时,业务接待热情地接待他,并拿出早已准备好的维修委托书,请张先生过目签字,领他来到车间。车间业务虽然很忙,但早已为他准备好了工位和维修工。维修工是一位很精明的小伙子,他熟练地操作仪器检查故障,最后更换了四个火花塞,故障就排除了,前后不到半个小时。张先生很高兴,从此他成为这家修理厂的老客户。

思考与研讨

1. 以小组为单位制作预约话术,练习并讨论。
2. 研讨:
3. 主题:

(1) 本店的预约率如何?

(2) 如何能够有效地提升预约率?

时间要求:讨论时间,10 分钟;分享时间,5 分钟/组。

讨论结果:每小组讨论的结果要通过海报的形式展示出来。

单元 4　维修接待服务

学习目标

知识目标

1. 简单叙述维修接待服务的流程。
2. 正确描述车辆维修企业接待服务的内容及规范。
3. 简单叙述车辆维修企业接待服务的主要技术要求。
4. 熟悉处理客户投诉技巧及方法。

能力目标

1. 能按照接待服务规范进行服务接待，与客户建立友好关系。
2. 能正确进行初步故障诊断，维修项目的估价及正确签订合同。
3. 能正确接待、处理客户投诉。

4.1 接待服务流程

维修接待的任务由服务顾问完成。作为一名服务顾问,服务环节的“销售”对您意味着什么?服务顾问一般实施“主动咨询与销售”,主要步骤如下:

第一步:打招呼。

第二步:需求分析。需求分析的目的是为开展一次成功的销售对话奠定基础;提出(开放式)问题,但要避免纠缠不休;发现客户的期望(需求和需要),确定可以在哪些方面为客户推荐产品或者服务。客户需要什么服务?在开展咨询服务方面必须了解的客户信息:

1)客户的需要(期望、愿望)。

2)需求(产品要求)。

3)购买动机。

4)预算。

有效的开放式问题的形式:

1)开场问题:

您这辆奥迪车开多久啦?您对产品/服务都有哪些要求?

您今天特别关心什么?

您今天可以在这里停留多久?谈到开车,什么对您而言特别重要?

2)询问客户的要求:

这款产品是为谁买的(决策者、使用者或者付费者)?

您有些什么要求?您具体是指什么?

您对……的重视程度如何?

3)询问客户的主要购买动机:

在这些要求当中,哪项对您来说是最重要的?

为什么这个对您特别重要?

您说您是该品牌车的粉丝;那么,这对您而言意味着什么?

第三步:报价阶段。如何陈述客户受益的理由:

1)产品特点:这是什么?

例如:带特殊固定装置的儿童座椅/特殊材质的儿童座椅。

2)说明优点:它有什么长处?

例如:连接牢固,不松脱/对人体无伤害。

3)利益:客户能因此得到什么?

例如:孩子安全保障/孩子健康保障。

4)客户能享受到的利益:

5)舒适性。

6)安全/预防措施。

7)声望/形象。

8)收益/获利。

第四步：结束阶段。要求：

1）请在卡片上写出客户最常见的质疑都有哪些？

2）请将卡片分类。

3）请制定如何化解质疑的措施。

第五步：道别。要求：

1）感谢客户所做出的决定。

2）再次向客户保证他所做的决定是正确的。

3）友好地进行道别。

具体接待流程见汽车维修接待服务流程图（图4-1）。

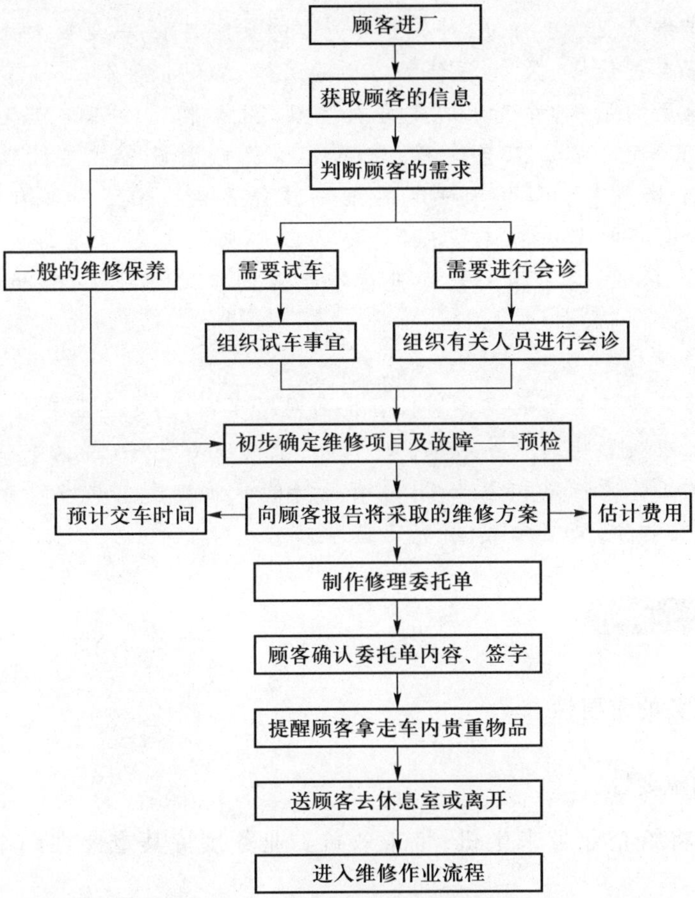

图4-1　汽车维修接待服务流程图

知识链接

服务顾问的素质要求

1. 文化素质

随着汽车工业的迅猛发展和人民生活水平的提高,汽车保有量迅速增长,汽车维修业出现多层次、多形式、各种经营成分并存的局面,规范汽车维修市场是形势发展的需要。同时,汽车技术的快速更新,对汽车维修企业的从业人员提出了更高的要求。要成为一名合格的汽车维修业务接待员,必须具有高职或以上文化程度(特殊情况例外)。

2. 业务素质

作为汽车维修业务接待员,对其业务能力的具体要求,一是要熟悉国家和汽车维修行业管理有关价格、保险、保修等方面的法律、法规和政策;二是要对汽车维修专业知识有全面的了解,如汽车的类型及特征、汽车构造及基本原理、汽车材料及零配件知识、汽车维修工艺流程、常见故障及检测设备主要用途、各工种工艺特点及成本构成等,并具有一定的维修技能及经历;三是具有初步财务知识,懂得汽车维修收费结算流程;四是要适应企业现代化管理的要求,会开车,能熟练操作计算机,运用相关软件进行本专业的辅助管理工作;五要懂得如何关怀客户。

3. 思想素质

汽车维修业务接待员的工作岗位直接面对修车客户,是企业对外的窗口,其思想素质的高低直接影响到企业形象,关系到企业的业务发展,因此要求业务接待员应具备高度的工作责任感和事业心,具有良好的职业道德。爱岗敬业,秉公办事,廉洁奉公,团结协作,诚信无欺,讲究信誉等。

4.2 接待服务程序

4.2.1 接待服务的重要性

1. 业务接待的重要性

业务接待将给企业带来生机,带来效益。业务接待其重要性归纳起来有如下四点:

1)业务接待是服务行业实现现代化管理的重要步骤,业务接待的设立,充分体现了汽车维修企业的经营管理日趋完善。

2)业务接待带动与协调各个管理环节,明确了职责,提高了工作效率,使各部门步调一致地完成企业的经营总目标。

3)业务接待协调了客户利益与厂家利益使之基本一致,增加了双方的信任感。

4）业务接待凝聚了广大客户，提高了企业的经济效益和社会效益。

2. 业务接待的作用

客户来修车，第一步迈进的就是汽车维修企业的业务接待大厅，第一个接触的就是汽车维修业务接待。业务大厅的环境，尤其是业务接待的服务水平和素质，决定着客户是否信任这家企业，决定着客户是否在这家企业修车，也决定着客户是否能成为这家企业的回头客。也就是说，业务接待对汽车维修企业有着至关重要的作用：

1）业务接待是汽车维修企业与修车客户联系的直接纽带。汽车维修企业与修车客户之间的经营活动，主要是通过业务接待来实现的。

2）业务接待是企业的“窗口”，代表着企业的形象。一个企业，一般都由几种不同的特征组成知觉识别体系，是公众对企业感觉的综合形象。汽车维修企业的特征主要由企业精神、企业效率、企业信誉及经营环境等组成。良好的企业特征会使公众对企业产生深刻的认同感和信任感，进而转化为巨大的经济效益。而修车客户接受服务时，总是把业务接待员服务质量的高低作为衡量企业形象好坏的标准。在客户印象中，业务接待员的诺言、举止、待人接物、服务水平等，就是企业的形象。

3）业务接待是对承修车辆在维修过程中所发生的费用进行统计核实，并确定向客户收取相关费用等工作的责任人。

4）业务接待的工作质量是企业收益的直接影响因素。业务接待工作质量的好坏、服务水平的高低、维修估价是否合理、收费结算过程是否流畅等，都会直接影响企业的信誉、企业的收入、企业的效益。

5）业务接待水平是企业技术、服务、管理水平的集中体现。企业整体素质的高低，无论是有关技术的、管理的，都可以从业务接待员身上反映出来。业务接待在接车、估价等过程中所表现出的解决问题和处理问题的能力，体现了企业技术水平的高低；业务接待从接车到交车的全过程中所表现出的工作条理性和周密性，体现了企业服务水平和管理水平的高低。

4.2.2 接待服务描述

1）业务接待员要亲自进行客户接待工作，不能因为工作忙，就叫其他人员（如维修人员）代替，这样会让客户感到不受重视，客户会对企业产生不信任感。

2）将胸牌戴在显眼的位置，以便客户知道在与谁打交道。这样有利于增加信任。

3）接待时直接称呼客户的姓名和职务（如王经理、李教授等），这样客户感到受重视，同时也显得亲切。

4）接待的客户可分为预约客户、未预约客户。

预约客户：取出已准备好的维修单和客户档案，陪同客户进入维修区。这样，客户感到对他的预约十分重视，他对接待这一环节会很满意的。

未预约客户：仔细询问，按接待规范进行登记。

5）交谈时集中全部精力，避免匆忙或心不在焉。

6）认真听取客户有哪些具体的愿望和问题，通过有针对性的提问更多地了解客户的要求，并将所有重要的信息记录在工单中。

7）在填写维修单之前与客户一起对车辆进行检查，如果故障只在行驶中发现，应与客户一起进行试车。当着客户的面进行这种形式的技术检测不仅有利于自己的把握程度，而且可避免不信任。发现新的故障还可以增加维修项目，若业务接待对这一故障没有把握，也可以请一位有经验的维修人员一起进行车辆诊断。与客户一起对车辆进行检查，还应同时看一下车辆是否存在某些缺陷。

如：车身某处有划痕，某个灯破碎，轮罩缺一个等，这些缺陷应在维修单上注明，避免出现不必要的纠纷。

8）向客户解释可能的维修范围，若客户不明白或想进一步了解，可通过易于理解的实例来形象地解释一些技术细节——进行案例描述。

9）告诉客户所进行的维修工作的必要性和对车辆的好处。

10）在确定维修范围之后，告诉客户可能花费的工时费及材料费。如果客户对费用感到吃惊或不满，应对此表示理解，并为其仔细分析所要进行的每一项工作，千万不要不理睬或讽刺挖苦。接待时对客户的解释，会换来客户的理解，如果事后客户看到比预想的情况多付钱时，几乎都会恼怒。

如在某些情况下，只有在拆下零件或总成后才能准确地确定故障和与此相关的费用时，报价应当特别谨慎。首先向客户解释清楚。

在这种情况下，在费用预算上必须明确地用诸如以下的措辞来保护自己："以上是大修发动机的费用，维修离合器的费用核算不包括在本费用预算中，只能在发动机拆下后才能确定。"

11）分析维修项目，告诉客户可能出现的几种情况，并表示在进行处理之前会事先征得他的同意。

如：客户要求更换活塞环，业务接待员应提醒客户，可能会发现气缸磨损。拆下缸盖后将检查结果告诉客户，征求其意见。

12）业务接待员写出或打印出维修单，经与客户沟通确认能满足其要求后，请客户在维修单上签名确认。

13）接车时，接待应提醒客户将车上的贵重物品拿走，并当面点清车里的剩余物品。

14）最后请客户到客户休息区休息或与客户道别，并向客户说一声"谢谢""再见"。

案例 1

W 先生是一家外资企业的高级经理，他买了一辆帕萨特 B5 轿车。有一天，车的左前门不小心被划伤了，他开到一家修理厂进行维修。业务接待员热情地接待了他，详细记录了车的损伤情况，并且绕车仔细检查了其他部位，发现右前翼子板有道划痕。征求 W 先生的意见：是否一起修理一下。W 先生感到很惊奇，由于忙于工作，还没有注意到。他问业务接待员需要多少钱。业务接待员告诉他需要 600 元，W 先生愉快地接受了。优良的接待既让用户感到满意，又增加了收入。

4.2.3 接待服务内容

汽车维修业务接待工作贯穿于车辆维修流程的全过程，从询问、环车检查、开单子、确定维修项目，直至客户取车、付款、电话跟踪、反馈信息等，构成了业务接待的工作顺序和内容。

1. 初步进行故障诊断

1）细心聆听客户对故障的描述。

2）深入地向客户探问以求找出更多资料。

3）与客户研讨，要明白客户为什么要做某一种维修服务。

4）环车检查，初步找出故障来源，然后科学检测诊断，准确找出故障所在。

5）与客户商妥后，确定维修项目。

6）尽量满足客户报修以外的其他合理要求。

7）根据试车检测情况及时向客户提出建议。

8）遇有难以解决的问题，应与维修主管商讨，找出解决问题的方法。

2. 填写维修工单

1）取得车辆的基本资料（型号、年份、VIN 等）。

2）车况、证件的交接。

3）随车工具及物品的保管。

4）与客户商定材料、配件提供方式。

5）填写维修工单时要注意与维修技师沟通有关维修工作。

6）维修工单填好后要交给客户过目、签字。

3. 修竣时间与收费

1）工时估价应按照企业规定的不同车型、不同的维修项目的统一工时定额和工时费报价。

2）零配件应按销售价格报价，特殊订货的配件，价格应适当加乘一定的系数后报价。

3）客户自购件，应向客户解释正厂件与副厂件的质量差异和价格差异。

4）对一般维修项目可向客户直接报价，个别维修项目的收费应向客户作必要的解释。

5）检查客户的保修和保养单。

6）估计客户可以取回车辆的完成时间。

7）若客户对取车时间有问题要做出适当回应。

8）与维修技师商讨有关维修事宜。

9）估计维修总费用。

10）在安排维修时间表时要考虑维修车间的工作量。

11）要查清楚配件部有没有所需的零配件。

12）计算更换零配件费用和工时费。

4. 推销加添的服务

1）在维修中反馈的追加项目和零件的更换，应及时与客户取得联系。

2）向客户建议额外的维修服务，应解释服务的性质、价格及益处。

5. 与维修技师的沟通

1）填写维修工单就是与维修技师的一种沟通。

2）要与维修技师共同研讨维修工单。

3）尽量回答维修技师所提出的问题。

4）通过维修技师，充分了解维修车间的工作量。

5）与维修技师商讨落实材料配件提供方式。

6. 维修作业的跟进

1）及时掌握维修进度与维修质量。

2）了解“三检”实施情况。

3）零件与工时如有改变，一定要打电话通知客户。

4）如发现有需要加添的维修项目，应立即打电话由客户确认。

5）在特殊情况下（如出现返修时），要检查维修技师的工作。

6）随车进行车辆技术档案的登记整理。

7. 竣工交车

1）向维修技师了解维修过程。

2）确认工单上的项目均已完成。

3）确认交车时间、费用、实际维修项目是否与工单上项目相符。

4）确认维修过的地方有无损坏及弄污。

5）确认油、水及所有安全项目均做过检查。

6）切记没有得到客户认可之前，勿作任何额外的修理工作。

7）检查机油面、传动带张力是否达到要求，轮胎螺钉是否拧紧，轮胎有无异常。

8）交车前确保车辆内外清洁，向客户交代用油、行驶里程等情况。

9）向客户解释上述各方面的问题。

8. 跟踪服务

定期与客户进行电话联系，询问维修后的质量情况和使用情况，进一步建立长远关系。

知识链接

接待服务的礼仪要求

1. 基本举止规范

1）握手。主动热情伸向客户，表达诚意，但对女客户不可主动先伸手，更不可双手握。

2）目光微笑。对客户在任何情况下保持微笑。

3）打招呼。主动与客户打招呼，目光注视客户。

4）安全距离。与客户保持一米左右。

5）作介绍。先介绍主人，后介绍客人。

6）指点方向。紧闭五指，指示方向，不可只伸一个或两个手指。

7）引路。在客人的左侧为其示意前进方向。

8）送客。在客人的右侧为其示意前进方向。

9）交换名片。双手接客户名片，仔细收藏好，不可随意放在桌上；递送名片要双手送出，同时自报姓名。

2. 服务顾问的礼仪要求

1）客户来到，应面带微笑，主动热情问候招呼："小姐（先生），您好，我能为您做些什么？"，务必使客户感到你是乐于助人的。

2）对待客户应一视同仁，依次接待，认真问询，做到办理前一个，接待第二个，招呼后一个。在办理前一个时要对第二个说："谢谢您的光临，请稍等"，招呼后一个时要说："对不起，让您久等了"，使所有客户感到不受冷落。

3）接待客户时，应双目平视对方脸部三角区，专心倾听，以示尊重和诚意。对有急事而来意表达不清的客户，应劝其先安定情绪后再说。

可说："请您慢慢讲，我在仔细听"。对长话慢讲、语无伦次的客户，应耐心、仔细听清其要求后再回答。对口音重说话难懂的客户，一定要弄清其所讲的内容与要求，不能凭主观推测和理解，更不能敷衍了事将客户拒之门外。

4）答复客户的问询，要做到百问不厌，有问必答，用词用语得当，简明扼要，不能说"也许、可能、好像是、大概是"之类模棱两可或是含混不清的话。对一些难以回答的问题，不要不懂装懂，随意回答，也不能草率地说"我不知道"，更不能不耐烦地说"你问我，我问谁"等。应该实事求是地说"抱歉得很，这个问题现在无法解答，让我了解清楚后再告诉您，请您留下联系电话"。

5）客户较多时，应先问先答，急问快答，不先接待熟悉的客户，依次接待，注意客户表情，避免怠慢。使不同的客户都能得到应有的接待和满意的答复。

6）在验看客户的证件资料时，要注意使用礼貌用语，验看完后要及时交还，并表示谢意，说："××小姐（先生），让您久等了，请您收好，谢谢"。

7）对有意见的客户，要面带微笑，以真诚的态度认真倾听，不得与客户争辩或反驳，而要真诚地表示歉意，妥善处理。对个别有意为难、过分挑剔的客户，仍应坚持以诚相待、注意服务态度，要热情、耐心、周到，要晓之以理，动之以情。

8）及时做好客户资料的存档工作，以便查阅检索和对客户进行有针对性的服务。

9）坚持售后服务电话跟踪，及时与客户电话跟踪询问，以体现对他们的尊重。

4.3 接待服务技术要求

4.3.1 预检服务

1. 倾听故障描述

1）记录症状。客户报修时，你要按客户的说法记录下汽车症状，而不是记下解决的方法。如果客户没有主动说出汽车症状，则你应该问客户汽车现在的工作状况。对于某一种汽车症状，如果你提出了解决方法，但你应该事先考虑到，可能还有其他的原因也会导致这种症状，所以只记录解决方法会导致工作失误，进而客户还会认为你很不专业。

2）说明诊断流程。当你把客户报修时所说的故障症状记录下来后，就应向客户说明诊断要经过怎样的步骤、诊断收费标准及依据。如果客户在修理前明白了收费标准和程序，他就会对修理厂感到满意。

3）分析问题。当你从客户那里获得信息后，不要马上下结论。当然你对客户提出的汽车问题已经有了一些设想，但要等待客户验证你的设想，不要向客户说出你的设想，让客户用自己的话来说出问题。这样，你就能保证工作单上信息的准确性了。在客户离开后，你就可以仔细检查汽车和分析所有问题了。

如：一位客户到了你们修理厂。

接待员：“您好，今天我能为您做些什么？”

客户：“发动机怠速时有点粗暴不稳。”

接待员记下“怠速粗暴”后问：“起动怎么样？”

客户：“你这问题提得太好了，最近真是很难起动，可能是蓄电池的原因吧。”

接待员记下“起动困难”后又问：“我们会检查的，还有其他问题吗？”

客户：“没什么问题了。”

这位接待员做得很正确，因为他只记录了“怠速粗暴”“起动困难”等故障症状，并没有记录“蓄电池的原因”这一解决方法。

2. 客户同意修理时

1）说明问题。告诉客户你发现了什么问题以及为什么需要维修。比如，接待员给客户打电话，是这样说的：

接待员："是望宁先生吗，您好，我是大华汽车修理厂的李波。我已经检查了您的汽车，想告诉您我检查到的问题，首先蓄电池是好的，但需要调整。"

以上接待员李波的说法，并没有说明问题。他应该这样说：

接待员："是望宁先生吗，您好，我是大华汽车修理厂的李波。我已经检查了您的汽车，想告诉您我检查到的情况，首先，蓄电池是好的。但我发现喷油器需要清洗，而且应换套新的火花塞，这就是造成您的汽车起动困难、发动机怠速时粗暴的根本原因。"

2）说明解决方法。告诉客户用什么样的方法来修理他的汽车，并解释清楚这种修理的特点和优点。

这个时候，掌握好"特点"与"优点"概念及运用，对你的工作是非常重要的。特点描述的是事物的特征；优点，一般来说与省钱、省时、节油、提高性能、安全或便利有关。

确定维修项目后，填入厂检测诊断报告单，见表4-1。

表4-1　入厂检测诊断报告单

编号：________

车牌号		车型		年份		行驶公里	
发动机号		底盘号					
检测类型							

4.3.2　维修项目估价

价格杠杆是实现汽修企业与顾客"双赢"的途径之一。

1. 估价

现代汽车维修有3种估价方式：

1）现象估价：按故障发生的现象一次彻底维修的收费。适应于疑难杂症，别的厂修过且未修好的故障。风险在于：判断要绝对准确，否则可能会发生亏本，影响效益。

2）系统估价：按故障牵连的系统所需进行的检查、诊断和维修收费。这是一般通用的估价方式，是使用最多、准确性最有保障的估价方法。

3）项目估价：按故障维修实际工时来收费。一般是个别的、客户指定要的、非电控的维修项目估价。

以上3种估价方式在实际运用中要灵活掌握,在估价过程中既要维护企业的利益,更要顾及客户的感受,要在具体的工作中向客户多作解释,以在统一认识的基础上达成双方都能接受的估价方式,做出合理的维修估价,使客户有一个明白消费的感觉。

维修估价时,应明确维修配件是由厂方还是由客户提供、用原厂件还是非原厂件,并应向客户说明。凡客户自购配件或坚持要求关键部位用非原厂件的,厂方应表明技术质量的差距,并在进厂维修单上写明、由客户签字确认。

2. 收费项目计算方法

汽车维修的收费内容主要包括工时费、材料费和其他费用三项。

(1) 汽车维修工时费用

汽车维修工时费用是指汽车维修所付出的劳务费用,即完成一定的维修作业项目而消耗的人工作业时间所折算的费用。

为了使汽车维修业户能够规范、统一、客观、合理地计算和收取汽车维修工时费用,我国规定:汽车维修工时费用按统一规定的"工时单价"与统一规定的"定额工时"相乘的乘积进行计算。即汽车维修工时费用的计算公式为

$$工时费用=工时单价\times定额工时$$

汽车维修工时单价是统一规定的完成某种汽车维修作业项目每1小时的收费标准。

汽车维修工时单价的类别,一般根据汽车维修作业项目的不同,划分为汽车大修(包括发动机、车架、变速器、前桥、后桥、车身等总成大修)、汽车维护(包括一级维护、二级维护)和专项修理(包括小修)三种,各类维修作业项目规定不同的工时单价标准。汽车维修工时单价一般由各省级交通行业主管部门和物价管理部门统一制定并向社会公布执行。

汽车维修定额工时:

汽车维修定额工时就是统一规定的完成某种维修作业项目所需要的工时限额,通常也称为工时定额。汽车维修工时定额一般也是由各省级交通行业主管部门和物价管理部门统一制定并向社会公布执行。

汽车维修工时定额是汽车维修业户计算和收取汽车维修工时费用的最高限额。汽车维修业户在收取汽车维修工时费用时,必须严格按照统一规定的维修工时定额标准进行计算。

汽车维修工时定额也根据汽车维修作业项目的不同,规定不同类别的工时定额标准。一般主要分为以下几类:

1) 汽车大修工时定额。一般根据车辆类别和参数,如客车按座位数、货车按吨位、轿车按型号等参数,规定不同的工时定额标准。

2) 汽车总成大修工时定额。一般根据车辆类别和参数,如客车按座位数、货车按吨位、轿车按型号等参数,规定其各主要总成的工时定额标准。

3) 汽车维护工时定额。一般也是根据车辆类别、型号、参数等,分别规定其一级

维护、二级维护的工时定额标准。各级汽车维护工时定额,是指按国家或当地交通行业主管部门规定的汽车维护作业项目的全部工时限额,一般不包括汽车维护作业范围以外的附加维修作业项目的工时。

4）汽车小修工时定额。一般根据车辆类别、型号、参数等,规定具体的汽车小修作业项目的工时定额标准。

汽车维修工时定额除了用于计算汽车维修工时费用以外,在汽车维修业户内部还可用作维修作业派工、维修工作量考核等的依据。

(2) 汽车维修材料费用

汽车维修材料费用是指汽车维修过程中合理消耗的材料的费用,一般分为配件费用、辅助材料费用和油料费用三类。

1）配件费用:配件费用包括外购配件费用、自制配件费用和修旧配件费用三种。

① 外购配件费用,即使用汽车维修业户购进的汽车配件的费用。按实际购进的价格收费。

② 自制配件费用,指使用汽车维修业户自己制造加工的汽车配件的费用。属于国家(或省级政府)统一定价的,按统一价格收费;无统一定价的,按实际加工成本价收费;对个别加工成本较高的配件,可与用户协商定价。

③ 修旧配件费用。修旧配件就是指由汽车维修业户加工修复的备用旧汽车配件。

2）辅助材料费用:汽车维修辅助材料费用是指汽车维修过程中消耗的棉纱、砂布、锯条、密封纸垫、开口销、通用螺栓、螺母、垫圈、胶带等低值易耗品。汽车维修过程中这类材料的消耗不易单独核算费用,因此,交通行业主管部门和物价管理部门统一规定了“汽车维修辅助材料费用定额”,作为汽车维修辅助材料费用的收费标准。汽车维修业户应依据汽车维修辅助材料费用定额收取汽车维修辅助材料费用。

汽车维修辅助材料费用定额一般按汽车维修作业的不同类别和车辆的不同类型规定不同的费用定额标准。

3）油料费用:油料费用是指汽车维修过程中消耗的机油、齿轮油、润滑脂、汽油、柴油、制动液、清洗剂等油品的费用。对汽车维修过程中各种油料的消耗,交通行业主管部门和物价管理部门一般也规定统一的“油料消耗定额”。各种油料的费用应依据规定的油料消耗定额与油料的现行市场价格进行计算和收取。

汽车维修过程中各种油料的消耗定额,一般也按照汽车维修作业的不同类别和车辆的不同类型规定不同的消耗定额标准。

(3) 其他费用

其他费用就是指上述费用以外的、汽车维修过程中按规定允许发生的费用。主要包括材料管理费、外协加工费等。

1）材料管理费:材料管理费是指在汽车维修过程中使用维修业户的外购汽车配件时,在其购进价格的基础上加收的一部分费用。材料管理费的实质,是对汽车维修业户外购汽车配件过程中所发生的采购费用、运输费用、保管费用以及材料损耗等费用的补偿。

在汽车维修过程中使用维修业户的外购汽车配件时,允许汽车维修业户按规定收取一定比例的材料管理费。材料管理费的计算方法是:以汽车维修过程中所消耗的外购配件费用为基数,乘以规定的材料管理费率。即

材料管理费=汽车维修过程中所消耗的外购配件费用×材料管理费率

材料管理费率由交通行业主管部门和物价管理部门统一规定,一般为7%~8%。但是,在汽车维修过程中使用的辅助材料和油料,以及使用维修业户的自制配件和修旧配件,都不允许加收材料管理费。

2) 外协加工费:外协加工是指在汽车维修过程中,由于承修业户的设备与技术条件所限不能进行的加工项目,由承修业户组织到厂外进行的加工。

外协加工项目,如果属于客户报修的维修类别规定的作业范围之外的项目,其外协加工费用一般由承修业户事先垫付,然后向客户照实收取;但如果外协加工项目包含在客户报修的维修类别规定的作业范围之内,承修业户应按相应的标准工时定额收取工时费用,不得再向客户加收外协加工费。

(4) 汽车维修总费用的计算

汽车维修总费用就是工时费用、材料费用和其他费用三项费用之和,即

维修总费用=工时费用+材料费用+其他费用

3. 维修收费管理

汽车维修收费管理工作直接关系到维修业户的经营成果,对维护维修业户的经济利益和企业声誉、维护消费者合法权益都有着十分重要的意义。《中华人民共和国道路运输条例》以法律的形式明确指出:"机动车维修经营者应当公布机动车维修工时定额和收费标准,合理收取费用。"因此,汽车维修业户必须从以下方面抓好汽车维修收费的管理工作。

1) 严格执行交通行业主管部门和物价管理部门制定的汽车维修收费标准,按规定计算维修作业工时和收取维修费用,不随意增加工时、随意加价、乱收费用。

2) 各类维修作业的收费项目、工时定额、工时单价公布于众,明码标价,让客户明白消费。

3) 在承接客户、确定作业项目时,就应该向客户报出维修价格,并估算出维修费用,对个别特殊维修项目收费不能立即确定的或维修费用较高的项目,应事先向客户作必要的解释。

4) 在维修过程中,如果有重要零件需更换或需要添加维修项目、增加维修工时时,应通知客户,由客户确认维修费用的变动。

5) 严格按照汽车维修技术规范进行维修作业,严禁虚报维修作业项目或遗漏、减项。

6) 严禁使用假冒伪劣配件、偷换汽车零部件、乱收材料费用;严格按规定收取材料管理费。

7）遵守国家法律法规，合理结算费用，列明收费清单，依法开具发票。

4.3.3 接车制单

接车处理属于服务流程中与客户接触环节，业务接待将与用户进行沟通交流，因此业务接待应当注重形象与礼仪并善于与用户进行有效的沟通，体现出对用户的关注与尊重，体现出高水平的业务素质。用户如约来修车，发现一切工作准备就绪，业务接待在等待着他的光临，这样用户肯定会有一个比较好的心情，而这些恰恰是用户再一次对维修企业建立信任的良好开端。

在接车处理环节中最主要的两项工作是同用户签订任务委托书和填写接车检查单。

1. 签订任务委托书

任务委托书是用户委托维修企业进行车辆维修的合同文本，也称作维修合同。任务委托书的主要内容有用户信息、车辆信息、维修企业信息、维修作业任务信息、附加信息和用户签字。用户信息包括用户名称、联系方式等；车辆信息包括牌照号、车型、颜色、底盘号、发动机号、上牌日期、行驶里程等；维修企业信息包括企业名称、电话，以便用户联系。维修作业信息包括进厂时间、预计完工时间、维修项目、工时费、预计配件材料费；附加信息是指用户是否自带配件、用户是否带走旧件等，这些都需要同用户作一个准确的约定。用户签字意味着对维修项目、有关费用、时间的认可。

任务委托书一般至少两联，其中一联交付用户，可作为用户提车时的凭证，以证明用户曾经将该车交付维修企业维修，用户结算提车时收回。另一联维修企业内部使用，也可兼做维修车间内部派工以及维修人员领取配件材料的依据。如果维修企业使用三联任务委托书，那么其中一联交给用户之外，企业自用的两联可分别用于维修车间派工以及维修人员领料使用。具体采用两联还是三联，则由维修企业根据自身实际情况自定。

进厂车辆如果只是进行一般的维护，可以直接同用户签订任务委托书。进厂车辆如果要进行故障修理，业务接待应对用户车辆进行技术性检查和初步故障诊断，验证故障现象是否同预约中描述的那样，必要时和用户一起试车亲自验证。根据故障现象判定故障原因，必要时还要请技术人员进行仪器检测和会诊，拟定维修方案，估算修理工时费和材料费，预计完工时间，打印好任务委托书，请用户签字。

业务接待同用户签订任务委托书时应当向用户解释清楚任务委托书的内容，特别是维修项目，估算修理工时费、材料费和预计完工时间。

2. 填写接车检查单

用户将把车辆交给业务接待去安排维修，离开车辆一段时间，为避免用户提车时产生不必要的误会或纠纷，此时业务接待应与用户共同对车辆进行检查验证，填写接车检查单，检查验证的内容主要有：车辆外观是否有划痕、内饰是否有脏污、随车工具附件是否齐全、车内是否有贵重物品等。

4.3.4 维修合同

1. 汽车维修合同的主要内容及格式

汽车维修是承修方(维修业户)根据托修方(车主)的要求完成一定的维修作业,托修方接受承修方所完成的工作成果并给予相应的报酬的一种加工承揽经营活动。双方在确立承、托修关系时,必须依法签订汽车维修合同,以维护汽车维修经营活动的正常秩序,保障双方的合法权益。

汽车维修合同是承修、托修双方当事人之间设立、变更、终止民事法律关系的协议。它是一种法律文书,通过合同条款来确定双方当事人之间的权利、义务,而所发生的法律后果,是当事人所要求的。签订汽车维修合同是承修、托修双方意思表示一致的法律行为。

根据交通部和国家工商行政管理局发布的《汽车维修合同实施细则》的规定,汽车维修合同如下:

GF-92-0304

托修方________签订时间______ 合同编号__________

承修方________签订地点________

一、车辆型号:

车　　种		牌照号		发动机编号	
车　　型		发动机型号		底盘编号	

二、车辆交接期限(事宜):

送　　修				接　　车			
日期		方式		日期		方式	
地点				地点			

三、维修类别及项目:

预计维修费总金额(大写)__________(其中工时费____________)

四、材料提供方式:__________________。

五、质量保证期:

维修车辆自出厂日起,在正常使用情况下,____ 天或行驶____ km 以内出现维修质量问题承修方负责。

六、验收标准及方式:__________ 。

七、结算方式及期限：现金________转账______银行汇款______期限____。

八、违约责任及金额：________。

九、如需提供担保，另立合同担保书，作为合同附件。

十、解决合同纠纷的方式：本合同在履行过程中发生争议，由当事人各方协商解决。协商不成，当事人双方同意由__________仲裁委员会仲裁（当事人双方未在合同中约定仲裁机构，事后又未达成书面协议的，可向人民法院起诉）。

十一、双方商定其他条款__________。

托修方单位名称（章）： 单位地址： 法定代表人： 代表人： 电　话： 开户银行： 账　号： 邮政编码：	承修方单位名称（章）： 单位地址： 法定代表人： 代表人： 电　话： 开户银行： 账　号： 邮政编码：

说明：

1. 承、托修方签订书面合同的范围：汽车大修、主要总成大修、二级维护及维修费在 1 000 元以上的。

2. 本合同正本一式两份，经承、托修方签章生效。

3. 本合同维修费是概算费用。结算时凭维修工时费、材料明细表，按实际发生金额结算。

4. 承修方在维修过程中，发现其他故障需增加维修项目及延长维修期限时，承修方应及时以书面形式（包括文书、电话）通知托修方，托修方必须在接到通知后______天内给予书面答复，否则视为同意。

5. 承、托修方签订本合同时，应以《汽车维修合同实施细则》的规定为依据。

注：本合同一式______份。承、托修双方各一份，维修主管部门各______份。

监制：　　　　印制：

2. 汽车维修合同的签订

汽车维修合同必须按照平等互利、协商一致、等价有偿的原则依法签订，承修、托修双方签章后生效。

(1) 汽车维修合同签订的范围

凡办理以下维修业务的单位，承托修双方必须签订维修合同。

1) 汽车大修。

2) 汽车总成大修。

3) 汽车二级维护。

4) 维修预算费用在 1 000 元以上的汽车维修作业。

（2）汽车维修合同签订的形式

汽车维修合同签订的形式一般有两种。第一种形式是长期合同，即最长在 1 年之内使用的合同；第二种形式是即时合同，即一次使用的合同。承修、托修双方根据需要也可以签订单车或成批车辆的维修合同，还可以签订一定期限的包修合同。如果是代签合同，必须要有委托单位证明，根据授权范围，以委托单位的名义签订，对委托单位直接产生权利和义务。

3. 维修合同的履行

汽车维修合同的履行是指承、托修双方按照合同的规定内容全面完成各自承担的义务，实现合同规定的权利。维修合同的履行是双方的法律行为。但是，双方当事人中有一方没有履行自己的义务在前，另一方有权拒绝履行其义务。维修合同签订后，承修、托修双方应严格按合同规定履行各自的义务。

（1）托修方的义务

按合同规定的时间送修车辆和接受竣工车辆。

提供送修车辆的有关情况（包括送修车辆基础技术资料、技术档案等）。

如果提供原材料，必须是质量合格的原材料。

按合同规定的方式和期限缴纳维修费用。

（2）承修方的义务

按合同规定的时间交付修竣车辆。

按照有关汽车修理技术标准（条件）修理车辆，保证维修质量，向托修方提供竣工出厂合格证，在保证期内应尽保修义务。

建立承修车辆维修技术档案，并向托修方提供维修车辆的有关资料及使用的注意事项。

按规定收取维修费用，并向托修方提供票据及维修工时、材料明细表。

4. 维修合同的担保与签证

（1）汽车维修合同的担保

汽车维修合同的担保是合同双方当事人为了保证合同切实履行，经协商一致采取的具有法律效力的保证措施。其担保的目的在于当事人在未受损失之前即可保障其权利的实现。

汽车维修合同一般采取的是定金担保形式，即一方当事人在合同未履行之前，先行支付给对方一定数额的货币，这种形式是在没有第三方参加的情况下，由合同双方当事人采取的保证合同履行的措施。定金是合同成立的证明，托修方预付定金违约后，无权要求返还定金；接受定金的承修方违约应加倍返还定金。定金的制裁作用，可以补偿因不履行合同而造成的损失，促使双方为避免制裁而认真履行合同。

汽车维修合同的担保也可以另立担保书作为维修合同的附本。内容包括抵押担保、名义担保和留置担保等。

不履行或不完全履行合同义务的结果是承担违约责任。承、托修双方中任一方不履行或不完全履行义务时就发生了违约责任问题，对违约责任处理的方式一般为支付违约金和赔偿金两种。

（2）汽车维修合同的鉴证

鉴证是汽车维修合同管理的一项主要内容。通过鉴证，可以证明维修合同的真实性，使合同的内容和形式都符合法律要求；可以增强合同的严肃性，有利于承修、托修双方当事人认真履行；便于合同管理机关监督检查。

汽车维修合同鉴证实行自愿原则。在承修、托修双方当事人请求鉴证的情况下，约定鉴证的合同只有经过鉴证程序，才能成立。

经审查符合鉴证要求的，国家工商行政管理机关予以鉴证，鉴证应制作维修合同鉴证书。

5. 维修合同的变更与解除

（1）汽车维修合同变更和解除的含义

变更：是指合同未履行或完全履行之前由双方当事人依照法律规定的条件和程序，对原合同条款进行修改或补充。

解除：是指合同在没有履行或没有完全履行之前，当事人依照法律规定的条件和程序，解除合同确定的权利义务关系，终止合同的法律效力。

（2）汽车维修合同变更、解除的条件

1）双方协商变更、解除维修合同的条件：必须双方当事人协商同意；必须不因此损害国家或集体利益，或影响国家指令性计划的执行。

2）单方协定变更、解除维修合同的条件发生不可抗力。

3）企业关闭、停业、转产、破产。

4）双方严重违约。

除双方协商和单方决定变更、解除合同的法定条件之外，任何一方不得擅自变更或解除合同。发生承办人或法定代表人的变动，当事人一方发生合并或分立，违约方已承担违约责任情况，均不得变更或解除维修合同。

（3）变更、解除维修合同的程序及法律后果

汽车维修合同签订后，当事人一方要求变更或解除维修合同时应及时以书面形式通知对方，提出变更或解除合同的建议，并取得对方的答复，同时协商签订变更或解除合同的协议。例如：承修方在维修过程中发现其他故障需增加维修项目及延长维修期限时，应征得托修方同意后达成协议方可承修。

因一方未按程序变更或解除合同，使另一方遭受损失的，除依法可以免除责任外，责任方应负责赔偿。

6. 维修合同的调节与仲裁

汽车维修合同发生纠纷，承、托修双方当事人应及时协商解决。协商不成，可向当地交通运输管理部门申请调解。由主诉方填写申请书，交通运输管理部门通过调查取证，做出调解意见书，并监督双方当事人执行。当事人一方或双方对调解不服

的，可向国家工商行政管理部门及国家规定的仲裁委员会申请调解或仲裁，也可直接向人民法院起诉。纠纷费用原则由责任方负担，一般根据承、托修双方责任的大小分别负担。

当发生了合同纠纷调解失败后，当事人可采用仲裁方式解决纠纷。双方当事人应当自愿达成仲裁协议。仲裁协议包括合同订立的仲裁条款和以其他书面方式在纠纷发生前或者纠纷发生后达到的请求。没有书面仲裁协议，一方申请，仲裁委员会不予受理。如果达成仲裁协议后，一方向人民法院提出起诉，人民法院将不予受理，但仲裁协议无效的除外。仲裁委员会应当由当事人协议选定。仲裁委员会应当根据事实、符合法律规定、公平合理地解决纠纷。

仲裁不实行级别和地域管辖。仲裁依法独立进行，不受行政机关、社会团体和个人的干涉。仲裁实行一裁终局的制度。裁决做出后，当事人就同一纠纷再申请仲裁或向人民法院起诉的，仲裁委员会或者人民法院不予受理。裁决被人民法院依法裁定撤销或者不予执行的，当事人就该纠纷可以根据双方重新达成的仲裁协议申请仲裁，也可以向人民法院提出起诉。

当事人对仲裁协议的效力有异议的，可以请求仲裁委员会做出决定或者请求人民法院做出裁定。一方请求仲裁委员会做出决定，一方请求人民法院做出决定的，由人民法院裁定。仲裁委员会对维修问题认为需要鉴定的，可以交由当事人约定的鉴定部门鉴定，也可以由仲裁厅指定的鉴定部门鉴定。

经仲裁委员会或者人民法院仲裁，仲裁委员会或者人民法院应向双方当事人下达裁决书。已经裁决，当事人申请撤销裁决的，应当自收到裁决书之日起6个月内提出。人民法院应当在受理撤销申请之日起2个月内做出撤销裁决或者驳回申请的裁决。当事人应当履行裁决。一方当事人不履行的，另一方当事人可以依照民事诉讼法的有关规定向人民法院申请执行。仲裁费用原则上由败诉方承担。但在实践中也可以考虑各种因素，由当事人分摊仲裁费。

知识链接

汽车维修合同的填写规范

根据《道路运政管理工作规范》的规定，应按以下要求填写汽车维修合同：

1）“托修方”栏填写送修车辆单位（个人）的全称。

2）“签订时间”栏填写托修方与承修方签订汽车维修合同时的具体时间（年、月、日）。

3）“合同编号”由省级道路运政管理机构和地级道路运政管理机构核定，前两位数为地域代号，后六位数为自然序号。

4）“承修方”栏填写汽车维修企业的全称和企业类别。

5）“签订地点”栏填写承、托修双方实际签订合同文本的地点。

6）“车种”栏按货车（重、中、轻）、客车（大、中、轻、微）填写。

7）“车型”栏填写车辆型号，如“东风 1091”“桑塔纳 2000”等。

8）“牌照号”栏按交警部门发放的车辆牌照号填写。

9）“底盘号”栏按生产厂家编号填写。

10）“发动机编号”栏按汽、柴油及生产厂家编号填写。

11）“送修日期、方式、地点”栏填写送修车辆时间、车辆独立行驶或拖拉进厂及托修车辆的交接地。

12）“接车日期、方式、地点”栏填写车辆维修竣工出厂的交接车时间、交接车方式和地点。

13）“维修类别及项目”栏填写托修方报修项目及附加修理项目。

14）“预计维修费总金额”栏填写承修方初步估计的维修费（包括工时费、材料及材料附加费等）总金额。

15）“工时费”栏填写工时单价和定额工时数。

16）“材料提供方式”栏按“托修方自带配件”“承修方提供需要更换的配件”等填写。

17）“质量保证期”用大写填写质量保证的天数和行驶里程数。

18）“验收标准及方式”栏填写所采用的标准编号和双方认同的内容、项目及使用的设备等。

19）“结算方式”栏在双方认同的一栏中打钩。

20）“结算期限”栏在双方认同的一栏中打钩。

21）“违约责任及金额”栏填写双方认同的各自责任和应承担的金额数。

22）“解决合同纠纷的方式”栏在双方认同的一栏中打钩。

23）“双方商定的其他条款”栏填写双方未尽事宜。

24）“托修方单位名称（章）”栏盖托修方单位或个人的印章，没有印章的填写单位全称或个人姓名及身份证号。

25）“单位地址”栏填写单位或个人所在地详细地址。

26）“法人代表”栏填写承修方或托修方法人代表的姓名。

27）“代表人”栏填写承修方或托修方法人代表指定的代表人姓名。

28）“承修方单位名称（章）”栏盖承修方单位的印章。

4.4 接待客户投诉

由于车辆维修服务所涉及的环节较为复杂，持续时间长，因此遭遇投诉的风险是很高的。根据国外一些咨询机构所做的调查显示，汽车维修是仅次于医院治病救人的最难于精确评估的服务项目。因此汽车维修服务行业内没有哪一个企业敢说他那里没有投诉，客户都满意。有些人害怕投诉，当遇到客户投诉时，会首先很恼火，甚至对下属做出不恰当的批评或责怪。这是很不妥的。既然投诉不可避免，就要正视这一问题，想办法妥善处理好，甚至有可能将坏事变成好事，这是不乏其例的。国外有关研究机构发现，客户的回头率与投诉的处理之间存在着比较有趣的关系。据调查，有投诉但获得圆满解决的，回头率在 82% 以上；有投诉而未获得圆满解决的，回头率尚有 19%～54%；有不满却不投诉的，回头率只有 0%～9%。这一关系表明，遇有客户不满却不投诉时，他们极有可能已转移光顾其他公司了；反之若客户愿意投诉，就算未能获得圆满解决，将来再次光顾的机会也比较高，当然，若问题得到圆满解决，该客户多数会再次光顾，甚至成为企业的忠诚客户。因此我们要欢迎并重视妥善解决客户的投诉，我们应该这样认为：客户投诉说明还存在解决问题的希望，客户投诉实质上是给你一次与客户沟通的机会，若处理得好，其好处不亚于你去做了一次广告。

4.4.1 处理投诉的基本要求

1. 投诉分析

在汽车维修企业里无论工作多努力，客户投诉总会发生，所以我们要对投诉认真分析，迅速处理，避免产生负面影响。

（1）客户投诉的种类

1）服务质量。服务客户时，服务态度不良或与客户沟通不够。

2）维修技术。因维修技术欠佳，故障一次或多次未能修好。

3）维修价格。客户认为维修价格与其期望相差太大。

4）配件质量。由于配件质量差或没通知客户而使用了进口件或副厂件。进口件价格太高，客户接受不了；用副厂件，客户认为你在欺骗他。

5）维修不及时。在维修过程中，未能及时供应车辆所需配件或维修不熟练，或对维修工作量估计不足又没和客户沟通。与客户沟通不够。这种情况一般发生在特约维修服务的 3S、4S 店。

（2）投诉的方式

1）一般投诉。

① 面对面表示不满。这种客户会将不满直接发泄给接待他的人，如：业务接待、结算员、生活接待等。

② 投诉维修企业领导处。采用方式一般为以电话投诉或直接投诉。

③ 投诉厂家。这种情况一般发生在特约维修服务的 3S、4S 店，由于对服务网点的处理不满意，而投诉厂家。

2）严重投诉或危机。

① 向行业主管部门投诉。此种投诉一般为产品质量问题。

② 向消费者协会投诉。希望消费者协会能帮助他们解决问题。

③ 向电视、广播、报纸等新闻媒体等表示不满。

④ 由汽车俱乐部或车主俱乐部出面协商处理。

⑤ 在互联网上发布信息。此目的一是希望引起社会人士的关注，给厂家施加压力；二是如不解决问题，希望此举能给厂家造成负面影响。

⑥ 通过律师打官司。通过法律手段解决其投诉问题。

2. 投诉处理的基本要求

(1) 明确处理客户投诉的负责人

处理客户投诉的主要负责人是业务接待员、业务经理或服务经理,严重投诉时企业主要负责人应出面处理。除了上述负责人外,企业的其他人员均有责任将客户抱怨反映给相关负责人,由客户投诉的负责人处理客户抱怨。一般工作人员,如:维修人员、配件保管、后勤人员等,不宜直接处理客户投诉。最适合担任投诉处理的人员是与客户关系良好、思维敏锐的人员,所以说,客户投诉的负责人日常就要与客户建立良好的关系。

(2) 明确客户的需要

在处理客户投诉或抱怨之前,要再次明确客户进厂维修的需求。实质需要又称为理性需求,具体包括:产品质量、价格合理和按时交车。精神需要又称为感性需求,具体包括:感到受欢迎、舒适、被理解和感到自己很重要。明确客户的需求可以帮助我们了解哪些原因造成客户的不满,并学会主动引导客户心情。

(3) 明确客户投诉的主因

1) 不被尊重。客户感觉没有受到应有的尊重,或没有受到与其他人一样的尊重。

2) 与期望相差太大。此种情况一是由于客户有过去的经验作比较,主要是价格上的,感到受到了不平等的待遇;二是由于与客户沟通不够,随意增加了维修项目等。

3) 多次不满的积累。累积多次不满而产生抱怨,最终投诉。

4) 受骗的感觉。由于维修厂有意地欺瞒而导致客户的不满。

(4) 明确客户投诉的心理

求发泄。

求尊重。

求赔偿。

(5) 注意仪容仪表

仪容仪表很影响客户心情,因此应引起注意。

外表:穿着、精神面貌。

身体语言:眼神、脸部表情、肢体动作。

情绪上的表现:语音、语调。

(6) 需要专业知识

处理客户投诉或抱怨一定要具备专业知识,否则处理问题时说一些外行话,可能将矛盾进一步激化。

处理投诉可能是维修业务接待人最伤脑筋的工作,但也是刻不容缓的一项工作,是非常重要的工作。客户可能用许多方法发泄不满,可能向你叫嚷、向经理投诉、给媒体或消协写信严厉指责。处理投诉的目标就是:消除分歧、防止事态的扩大,取得谅解、改进我们的工作,达成共识、重新赢得客户的信任。处理投诉时应做到:

1) 表达服务的意愿,设身处地为客户考虑。

2）体谅客户的情感，保持专业的满腔热情和坚毅精神。

3）勇于承担责任，但对不合理的要求坚定而有礼貌地拒绝。

4.4.2 处理客户投诉的流程

处理客户报怨与投诉的工作流程图如图 4-2 所示。

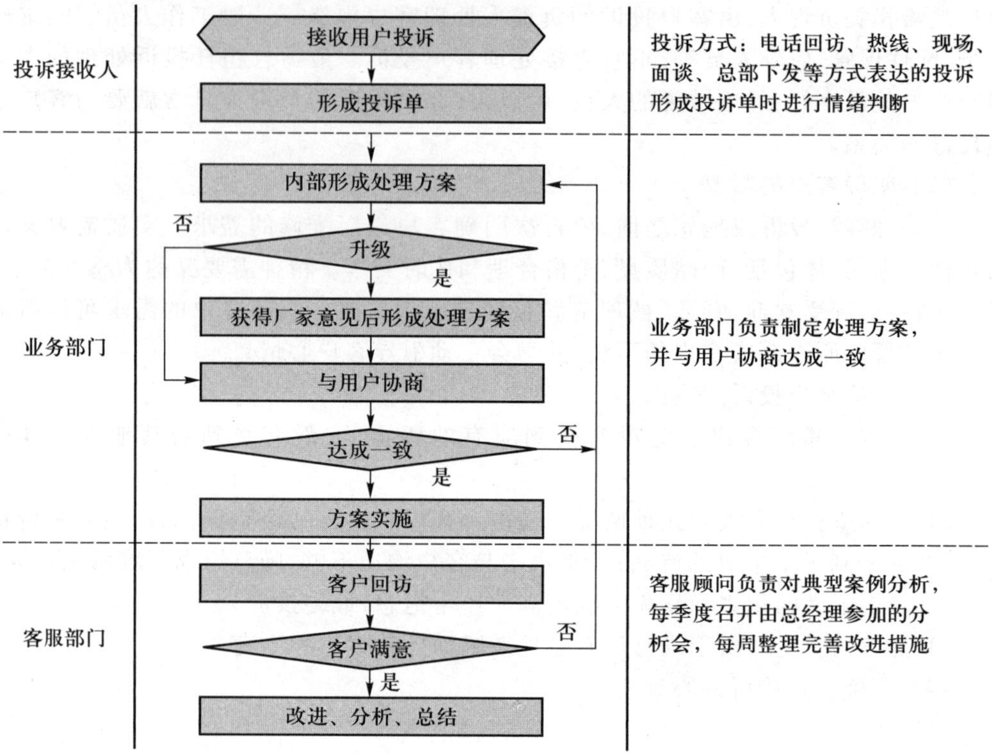

图 4-2 处理客户抱怨与投诉的工作流程图

1. 处理投诉的原则

（1）基本原则

1）先处理心情，再处理事情。

2）不回避。

3）第一时间处理。

4）了解客户背景。

5）找出原因，界定控制范围。

6）必要时让上级参与，运用团队解决问题。

（2）谈判原则

1）寻求双方认可的服务范围。

2）不做过度的承诺。

3）争取双赢。

4）必要时，坚持原则。

2. 处理投诉的方法

1）让客户感到舒适、放松（接待者应语气平和，耐心让客户发泄怒气）。

2）对客户的行为表示理解和关注，并做好记录，将投诉摘要记入客户卡片或档案。

3）体现消除分歧的紧迫感。

4）如确实有不到之处，应坦然承认，对不合理的要求则应该礼貌而明确地回绝。

5）明确表示承担替客户解决问题的责任。

6）同客户共同商讨解决问题办法。

7）如果难以独立处理，应尽快联系相关部门或请示上级。

3. 处理投诉的步骤

提示：如果发现客户对投诉处理不满意。则应回到适当的步骤，重新处理。

（1）接待投诉客户

1）请客户来公司，面谈更容易解决问题。

2）真诚地以专业态度迎接并感谢客户前来。

3）告诉客户你的姓名，表示愿意帮忙。

4）如有必要，请客户到办公室或会议室以示重视，也可避免影响其他客户。

5）不满的客户不要集中在一起。

6）实行首问责任制，遇重大投诉（涉及事故或伤害的）应立即报告部门经理。

（2）眼耳并用，仔细观察、倾听

1）首先让生气的客户尽快平静下来，让他尽情发泄埋怨，不要轻易打断。

2）仔细、耐心地倾听，表示你很注意，并作适当回应。

3）对客户叙述的内容应予充分的重视。

4）必要时，到车上实地检查或与检验人员一起进行路试。

5）按“5w”与“2h”做出准确记录（who——谁、what——什么、why——为什么、when——什么时间、where——在哪里、how——怎么样、how much——多少费用）。

6）客气、间接地找出客户生气的原因与需求。

7）用客户的语言归纳要点，复述给客户听。

（3）查证事实、找出原因

1）按“5w”与“2h”的思路查证客户所说的事实。

2）收集所有有关资料：客户资料、过去客户与公司的关系、维修记录、车辆使用状况等。

3）仔细检查车辆、零部件和有问题的部位。

4）与修理工、车间主任一起研究，进行故障再现以确定故障原因，再与客户一起路试，然后再判定责任所在。

（4）评估问题的严重性并做出处理决定

1）决定应采取的措施。

2）决定何时、何地、何人与客户交谈（时间越早越好）。

3）若处理方案超出权限，则向上级报告。

4）如果不能在本单位这一层面解决，则应请求其他方面的帮助。

（5）向客户解释企业的决定

1）向客户介绍处理的设想，解释采用此方法的理由。

2）告诉客户为什么会发生故障，提出防止这类故障再次发生的办法。

3）争取客户的同意，如果客户不同意或表现犹豫，则应回到步骤（3），直到取得客户同意。

（6）采取措施

1）立即采取措施，如果是简单修理，尽可能让客户在场。

2）向客户解释已采取的补救措施，如果涉及技术问题，要求车间主任到场。

3）感谢客户使你注意这类问题，告诉客户你从中学到东西，有助于改进公司工作。

4）向客户保证，现在和将来，你都会关注他。

（7）回访客户

1）如果已将投诉交给其他同事处理，则应适当检查处理进度，确保措施落实。

2）用电话或信函进行随访，了解客户对投诉处理是否满意，随访应在交车后两天内进行。

（8）改进工作

通过对用户投诉的处理，总结工作中存在的问题，寻找提高服务水平的机会和需要改进的内容。

4.4.3 投诉的预防

1. 首问责任制

谁接待的客户由谁负责到底，也称为"一票到底的服务"。

2. 自行抽检

企业从接待、维修、质检到电话跟踪实行抽检，对发现的问题，及时查找原因，制定对策。一些汽车生产厂家对特约服务站实行的"飞行检查"很值得我们借鉴。

生产厂家的检查人员在不通知特约服务站的情况下，在某一客户的车辆上设计几个故障，然后由客户开车到服务站检查维护，通过对服务站检查维护效果的检查，来考察服务站的服务规范、服务水平及故障排除能力。生产厂家的检查人员有时也假设一个需救援的车辆，打电话让服务站前去救援，以考察服务站的反应和救援能力。

3. 预警制度

对一些挑剔、易怒的客户，提前通知各部门，让每个人都提高警惕。

4. 标准工作流程的落实

企业有了标准工作流程，就要抓好落实，人人都按照工作流程行事，就会堵塞漏洞，避免或减少客户投诉。

5. 员工培训

培训员工，让他们知道，客户抱怨是一份礼物，它可以：
不断改进企业的服务系统。
优化企业的工作流程。
完善企业评价体系。
了解客户需求。

6. 不能有如下错误行为

同客户争吵、争辩。
打断客户讲话，不了解客户关键需求。
批评、讽刺客户，不尊重客户。
强调自己的正确，不承认错误。
不了解客户需求前随意答复客户要求。
员工之间不团结，表达给客户的意见不一致。

案例 2

一客户开一辆皇冠车到 F 厂，要求更换车轮轮毂轴承，业务接待员告诉客户轴承价格是 600 元，工时 80 元，共计 680 元。等车辆维修完毕后，业务接待员很抱歉地对客户讲，轴承价格应为 800 元，要求客户付 880 元。客户拒付这多余的 200 元，并说“假如我知道轴承 800 元，我就不换了。”业务接待员说“如果不换的话，我给你拆下来。”客户说“给我拆下耽误时间怎么办？”双方僵持不下。最后找到维修厂长，厂长考虑了一下，同意按 680 元收客户的钱，并对客户表示歉意。有些员工对此事不理解，问厂长，厂长给他们讲了这样一个故事：在巴黎的一家时装店，有位太太看中了一套高档服装，价格为 100 法郎，她马上掏钱买下了这套服装。当她要离开时营业员告诉她“十分抱歉，这套衣服本应付 1 000 法郎，由于疏忽标成了 100 法郎。”这位太太对此很不满意，她认为这件衣服就应以她看到的价格购买。营业员向管理者反映此问题，管理者同意太太拿走衣服，并表示抱歉。第二天，这件事出现在巴黎的某家报刊上，引起轰动。这件事等于给这家服装店做了一次广告，接下来很多客户光临这家服装店，所带来的收入远远高于 1000 法郎。

知识链接

1. 处理投诉的技巧

(1) 运用身体语言的技巧

1）正面的信息。

表情自然放松。

微笑，表示关怀。

交谈或倾听时保持眼神交流。

认真倾听客户的抱怨。

自我情绪控制。

体验客户的心情。

2）负面的信息。

表情紧张、严肃。

交谈或倾听时避免眼神交谈。

动作紧张、匆忙。

忽略客户的感觉。

抢答、语调激动。

（2）稳定客户情绪的技巧

1）单独交谈。将情绪不稳定的客户与其他客户隔离，将其请到单独的房间交谈。这样可以稳定客户情绪，有些人越在人多的地方情绪越激动。另外，将与其他客户隔离也可避免造成负面影响。

2）表示歉意。

3）让客户放松。让他坐下、给他倒上茶。

4）不争辩。应该明白，客户不满意说明维修厂的工作有不完善处，在客户情绪不稳定时与其争辩，收不到好效果。这时，更不能将自己的想法强加于客户。

5）暂时转移一下话题。如：问一下工作单位、住址等。

（3）与客户交谈的技巧

认真倾听，并表示关怀，让客户感觉你确实想为他解决问题。

确认投诉的最主要内容。

善用提问发掘客户的不满。

必要时还要认同客户的情感，对其抱怨表示理解。

（4）与客户谈判的技巧

转移法：不作正面答复，以反问的方式提醒客户双方的责任。

递延法：以请示上级为由，争取时间。

否认法：对客户所提问题有明显差异的，应予以否认。

预防法：在预估事情可能要发生时，先予以提醒。

（5）投诉人行为及对策

1）消极型。

具体表现：态度消极、冷漠；使用简单的语言；回头率不高。

应对方式：深切表示关怀；主动告知如何处理。

2）善言型。

具体表现：把遭遇告诉别人；坚持己见；容易把问题复杂化。

应对方式：隔离群众；先行认同；弄清抱怨主因。

3）愤怒型。

具体表现：主动告诉别人不满之处；语言、语调等肢体语言夸大；要求更高层次领导与其交谈。

应对方式：隔离群众；倾听意见，带有同情心；告知上报其意见。

4）危险型。

具体表现：语带威胁；明确要求赔偿条件；可能有其他行动。

应对方式：隔离群众；提供2~3个解决方案；追踪观察。

2. 处理投诉结果

结果公平。投诉处理的结果符合投诉者的期望。

程序公平。投诉处理程序符合国家有关法律、法规。

互动式公平。投诉处理的结果与投诉者的期望不相符，但客户受到了尊重、理解。

思考与研讨

1. 讨论并叙述维修接待服务流程。

2. 分组演练接待服务的内容及规范。

要求：现场展示工作中服务接待的情境，两组各派一名服务顾问，一名客户，进行需求分析。其他同学作为观察员，重点观察以下问题，将观察结果记录在观察反馈表（自己制作）中。

（1）服务顾问提出了哪些问题？

（2）他还应该提出哪些问题？

（3）你发现了客户的哪些肯定信号？

时间：准备10分钟，每组展示5分钟。

单元 5　维修服务

学习目标

知识目标

1. 简单叙述企业生产运作管理内容。
2. 正确描述车辆维修企业的前台服务过程和后台生产过程内容。
3. 简单叙述车辆维修企业的计划管理、客户管理、信息管理和业务开发等基本要求。

能力目标

1. 能解决车辆维修企业的客户预约、接车、诊断、估价、派工、结算、交车、跟踪服务等业务管理工作。
2. 会分析车辆维修企业的生产运作过程、管理制度和主要业务岗位之间的关系。

5.1 维修和质检流程

汽车维修和质检流程如图 5-1 所示。

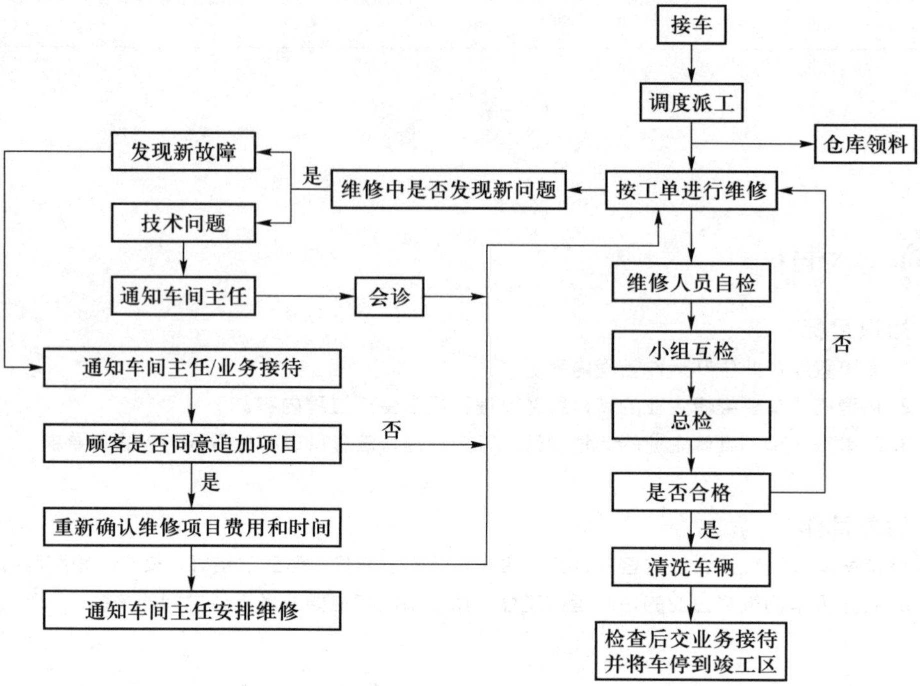

图 5-1 汽车维修和质检流程

知识链接

1. 维修的重要性

维修作业是维修企业的核心环节，维修企业的经营业绩和车辆维修质量主要由此环节产生，做好维修工作十分重要。

2. 质检的重要性

因为只有稳定的维修质量才能使客户满意，并保障维修业务健康、持续、稳定的发展。因此，在维修过程中及维修结束后认真对质量进行监督不仅可以保证客户满意率，更重要的是可以避免客户抱怨和投诉，减少返工，为企业节省时间和金钱。

5.2 汽车维修与质检的内容及方法

5.2.1 汽车维修与质检的内容

1. 维修质量检验的任务

汽车维修质量检验就是通过一定的技术手段对维修的整车、总成、零部件等的质量特性进行测定,并将测定的结果与规定的汽车维修技术标准相比较,判断其是否合格。

汽车维修企业中,维修质量检验工作的基本任务包括以下三个方面:

1）测定维修的整车、总成、零部件等的质量特性。

2）对汽车维修过程实施质量监督与控制。

3）对汽车(包括整车、总成、零部件)维修质量进行评定。

2. 维修质量检验的工作内容和步骤

汽车维修质量检验工作的基本内容和步骤是:

1）掌握标准:根据汽车维修技术标准和规范,明确检验项目、质量特性及参数,掌握检验规则和数据处理方法。

2）进行测定:按规定的检测方法对检测对象进行测定,得出维修质量的各种特性值。

3）数据比较:将所测得的维修质量特性数据与汽车维修技术标准进行分析比较,判断其是否符合汽车维修质量要求。

4）做出判定:根据分析比较的结果,判定本项维修作业质量合格或不合格。

5）结果处理:对维修质量合格的维修作业项目签署合格意见;对汽车维修竣工出厂检验合格的车辆,签发维修合格证;对维修质量不合格的车辆提出返工处理意见。

3. 汽车维修质量检验的类别及检验内容

汽车维修质量检验是贯穿于整个汽车维修过程的一项重要工作,按照其工艺程序可分为进厂检验、汽车维修过程检验和汽车维修竣工出厂检验三类。

(1) 进厂检验

进厂检验是对送修车辆的装备和技术状况进行检查鉴定,以便确定维修方案。进厂检验的主要内容和步骤为:

1）车辆外观检视。

2）车辆装备情况检查。

3）车辆技术状况检查,并听取驾驶员或车主的情况反映。

4）填写车辆进厂检验单。

5）查阅车辆技术档案和上次维修技术资料。

6）判断车辆技术状况,确定维修方案。

7）签订维修合同,办理交接车手续。

(2) 汽车维修过程检验

汽车维修过程检验就是指汽车维修过程中,对每一道工序的加工质量、零部件质量、装配质量等进行的检验。汽车维修过程检验的主要内容是:

1）零件分类检验。零件分类检验就是在汽车或总成解体并进行清洗后,按照零件损伤程度将其确定为可用件、需修件和报废件三类。零件分类检验之后,将可用件留用，需修件送修，报废件送入废品库。

零件检验分类的主要依据是汽车维修技术标准，凡零件磨损量和形位公差在标准允许范围内的，即为可用件；凡零件磨损量和形位公差超过标准允许范围，但还可修复使用的，为需修件；凡零件损伤严重无法修复使用的则为报废件。

零件分类检验是汽车维修的重要的过程检验内容，对汽车维修质量和汽车维修成本都有着直接的影响。

2）零件修理加工质量检验。即对就车修理的零件，在修理加工之后，应依据汽车维修技术标准进行检验，检验合格的才允许装车使用。

3）各总成装配及调试的过程检验。汽车维修过程检验是汽车维修质量控制的关键。对影响重要质量特性的关键工序或项目中，应作为重要的质量控制点进行检验，以确保汽车维修关键项目的质量稳定；对汽车维修过程中，故障发生率高、合格率低的工序或项目以及对下一道工序影响大的工序，应多设几个质量控制点加强检验，使影响工序质量的多种因素都能得到控制。

汽车维修过程检验一般采用岗位工人自检、工人互检和专职检验员检验相结合的检验方式。因此，必须建立严格的检验责任制度，明确检验标准、检验方法和分工，作好检验记录，严格把握过程检验质量关，凡不合格的零件、装配不合格的总成都必须返工，不得流入下一道工序。

（3）汽车维修竣工出厂检验

汽车维修竣工出厂检验就是在汽车维修竣工后、出厂前，对汽车维修总体质量进行的全面验收检查，检验合格的签发机动车维修合格证。汽车维修竣工出厂检验的主要内容和步骤为：

1）整车外观技术状况检查。

2）整车及各主要总成的装备和附属装置情况检查。

3）发动机运行状况及性能检验。

4）汽车运行状况及性能检验。可通过路试或上汽车综合性能检测线检验。

5）对检验合格的车辆进行最后验收，填写汽车维修竣工出厂检验记录单。

6）对维修质量合格的车辆签发机动车维修合格证。

7）办理汽车维修竣工出厂交接手续。

汽车维修竣工出厂检验是对汽车维修质量的最后把关，由汽车维修专职检验员检验。检验人员必须依据汽车维修技术标准逐项地、全面地进行检查。对验收检查中发现的缺陷和不合格的项目，必须立即进行处理，不允许有缺陷的车辆出厂。只有所有的项目都达到汽车维修技术标准的要求时，维修质量检验人员才能够签发维修合格证。

《中华人民共和国道路运输条例》明确规定："机动车维修经营者对机动车进行二级维护、总成修理或者整车修理的，应当进行维修质量检验。检验合格的，维修质量检验人员应当签发机动车维修合格证。"因此，汽车维修质量检验是汽车进行二级维护、总成修理或者整车修理过程中的法定程序，汽车维修企业必须严格执行。

5.2.2 汽车维修质量检验方法

1. 汽车维修质量检验的方法

汽车维修质量检验的方法，根据检验对象的不同通常可采用人工检视诊断法和仪器设备检测诊断法两种方法。

1）人工检视诊断法：人工检视诊断法就是汽车维修质量检验人员通过眼看、耳听、手摸等方法，或借助简单的工具，在汽车不解体或局部解体的情况下，对车辆的外观技术状况和可以直接看到、听到或触摸到的外在技术特性进行检查，并在一定的理论知识指导下根据经验对检查到的结果进行分析，判断其是否合格。

人工检视诊断法主要用于检验车辆的外观清洁、车身的密封和面漆状况、灯光仪表状况、各润滑部位的润滑情况，以及各螺栓连接部位的紧固情况等项目。

2）仪器设备检测诊断法：仪器设备检测诊断法是在汽车不解体的情况下，利用汽车检测诊断仪器设备直接检测出汽车的性能和技术状态参数值、曲线或波形图，然后与标准的参数值、曲线或波形图进行比较分析，判断其是否合格。有的检测诊断仪器设备还可以直接显示出判断结果。

仪器设备检测诊断法是现代汽车维修质量最主要、最基本的检验方法，汽车大修、总成大修和二级维护等作业中的主要检测项目都必须采用仪器设备检测诊断法进行检验。

2. 维修服务规范

1）维修人员要保持良好的职业形象，穿着统一的工作服和安全鞋。

2）作业时要使用座椅套、脚垫、叶子板保护被、转向盘套、换档把套等必要的保护装置。

3）不可在客户车内吸烟、听音响、使用电话等与维修无关的事情。

4）作业时车辆要整齐摆放在车间。

5）时刻保持地面、工具柜、工作台、工具等整齐清洁。

6）作业时工具、油水、拆卸的部件及领用的新件不能摆放在地面上。

7）正确使用专用工具和专用仪器，不能野蛮作业。

8）在维修、保养过程中，发现新故障时，维修人员要及时报告车间主任，通知客户，并由客户签名确认。

9）维修人员要保证在预期的时间内完成，如果认为可以提前或延迟完工要报告车间主任，车间主任通知业务接待员与客户联系。

10）作业完毕后将车内的旧件、工具、垃圾等收拾干净。

11）将更换下来的旧件放在规定位置，以便客户带走。

12）将座椅、转向盘、后视镜等调至原来位置。如果拆卸过蓄电池电缆，收音机、电子钟等的存储已被抹掉，应重新恢复。一定要注意这些工作细节。

案例 1

某修理厂接收了一辆凌志400轿车，该车蓄电池亏电。业务接待开好维修作业单后，客户就离开了。维修人员将车开到工位进行检查，发现是发电机调节器损坏，打电话与客户联系，客户同意更换。车一会儿修好了。当客户来提车的时候，向厂长反映车的音响不好用了。经检查这辆车带音响防盗系统，从现在的情况看是音响锁死了。询问客户音响密码，客户说不知道该车密码，但知道音响以前是好用的。厂里的人不知怎么解开密码，于是聘请了一位专家，给解开了密码，并付了1 000元劳务费。由于耽误了客户的时间，客户很不满意。总结这件事的教训是：业务接待员在断开蓄电池前，应检查音响是否已被锁死，若已锁死，应向客户反映；若没锁死，应询问客户音响密码；在无密码的情况下，应不断开蓄电池电缆。

3. 质检实施规范

1）维修质量实行自检、互检和专检相结合的质量检验制度。维修人员负责对维修质量的自检，各作业班组负责本班组维修质量的互检，专职质量检验员全面负责竣工车辆的质量把关工作，维修工作结束后专职质量检验员要对车辆性能进行终检。

2）检查维修单的所有维修项目均已完成，且100%达到质量要求。

3）汽车维修完毕后，自检、互检和竣工检验质量检验员应在维修单上签字确认。

4）检验不合格的维修汽车，应及时通知车间返工/返修，并填写“返工/返修记录单”。

5）质量检验应贯穿于维修的全过程，零部件在发放前应进行检验，若发现不合格品，坚决不能发放。维修人员在维修过程中发现不合格配件，要及时向车间主任报告，得到零部件确认后，退回配件库。退回配件库的配件要做好标识、记录。

案例 2

S先生是一位非常急躁的人，这天他的三菱帕杰罗越野车发动机开锅了，经检查是发动机气缸垫坏了。S先生下午一点还要到200千米外的地方谈一笔大生意，因此他希望在这之前将车修好。现在是上午九点，更换气缸垫的时间是绰绰有余的，我们答应了S先生的要求。S先生办其他事去了，我们马上抓紧时间干起来，一切顺利，11:20气缸垫更换完毕。试车感觉水温表指示比正常值高一点，但没有开锅。我们经过紧张的检查，分析是水箱有小部分堵塞，这种情况若控制好车速，发动机可能不会开锅，但万一开锅呢？这时已是十二点多了，这时S先生来提车了，我们告诉他气缸垫更换好了，但水温表指示比正常值高一点，检查是水箱有小部分堵塞，拆装清洗水箱至少需要两个小时。S先生一听就急了，你们怎么答应的，耽误我的大生意谁负责？不行，我先开车走，回来再修。我们耐心做着说服工作，告诉他这样行驶的危害。S先生终于同意了，并联系了另外一辆车去谈生意。第二天，我们将一辆完好的车交给了S先生，我们再次向他表示歉意。S先生的一句“带病车不能上路”，也算对我们坚持这一原则的肯定。

知识链接

汽车维修质量检验标准

汽车维修标准和技术规范是进行汽车维修质量检验的依据。汽车维修企业和汽车维修质量检验人员必须认真贯彻执行国家和交通运输部颁布的汽车维修有关技术标准和技术规范以及相关的地方标准,严格按照标准和技术规范指导汽车维修作业和汽车维修质量检验,保证汽车维修质量。有条件的企业还应当依据国家标准、行业标准、地方标准的要求制定企业技术标准,不断提高汽车维修质量。其他相关标准还有国家、交通运输部发布的各项汽车修理技术条件、机动车运行安全技术条件、机动车排放标准及测量方法、机动车允许噪声及测量方法等。

5.3 维修派工

业务接待接车后,由维修调度根据维修计划进行维修派工。

1. 维修生产计划

车辆维修生产计划就是由生产管理部门编制的关于承担车辆维修作业的人员、物料和时间等的安排,是企业组织生产的依据,也是进一步编制车辆维修工艺卡等技术文件的依据。

车辆维修生产计划能从时间上保证客户的维修车辆按期出厂,为客户节约时间,为企业增加信誉。科学合理的维修生产计划还可以提高人员、设备、场地、资金等的利用率,减少浪费,做到过程连续,生产均衡,质量得到保证。

车辆维修生产计划按所辖的范围,可以分为厂或车间的维修生产计划、单辆车辆或单台总成的维修生产计划等;按计划时期可以分为年度、季度、月度、周或日的维修生产计划;一般生产计划还可以分为长期、中期、短期或阶段性等几种。也有以大日程、中日程、小日程来区分生产计划的。表 5-1 所示为各种生产计划之间的关系。

表 5-1 各种生产计划之间的关系

<table>
<tr><th colspan="3">类别</th><th>车型</th><th>计划时间</th><th>备注</th></tr>
<tr><td rowspan="2">长期</td><td rowspan="3">大日程</td><td>长期生产计划</td><td></td><td>2~3 年</td><td rowspan="6">采用滚动计划方式</td></tr>
<tr><td>年度生产计划表</td><td></td><td>年度</td></tr>
<tr><td rowspan="2">中期</td><td>半年生产计划表</td><td></td><td>季度或半年</td></tr>
<tr><td>中日程</td><td>月份生产计划表</td><td></td><td>月</td></tr>
<tr><td rowspan="2">短期</td><td rowspan="2">小日程</td><td>周/旬生产计划表</td><td></td><td>周或 10 日</td></tr>
<tr><td>日生产计划表</td><td></td><td>1 日或 3 日</td></tr>
</table>

制订计划的第一步就是要搞清楚自己的目标，没有目标就没有方向，无论是个人还是企业都是如此。车辆维修企业的目标就是满足客户需求，利润只是满足客户需求的副产品而已。计划就是朝向自己的目标而确定的行动路线与步骤。

生产计划的依据应该是企业根据客户资料统计的维修量和预计的维修增量、季节性的维修需求、阶段性的活动安排、突发性的事件处理等对不同维修工种的工作量的需求，以及对企业的场地、人力、设备、设施和各工种的实际生产能力的需求。

由于车辆维修是多工种综合作业，所以在编制维修生产计划时，要注意各工种（环节）之间的“动态平衡”，同时遵循以下原则：

1）严格遵守维修工艺规程，保证维修质量，不得擅自变更和省略规定的工艺程序。

2）压缩车辆维修在厂车日（或在厂车时），尽量妥善安排平行交叉作业。

3）充分利用资源（人力、场地、设备设施），提高维修生产效率和效益。

4）便于生产调度，以应对多种因素（如待料、停电、故障和意外损坏等）对生产计划的影响。

编制车间的维修生产计划，要考虑市场预测、预约、车辆信息等，还要考虑维修企业的生产能力等因素。维修生产计划要按照一定的表格形式，有生产指标和作业形式等内容。表 5-2 为一份车间月度生产计划表。目前在 4S 维修店一般要制作计划牌上墙。

表 5-2 车间月度生产计划

________月份工作______天

NO	车辆类别	维修项目名称	数量	金额	维修车间（工位）	开工	完工	预期出厂日期	备注

由专业人员在一定的时间内制订出相应的符合企业实际的生产计划，要交给班组长、车间主任（主管）、业务经理（主管）认真讨论和审议后，报站长（总经理）批准贯彻执行。

根据单车维修计划进行派工，按照维修的难度、复杂程度结合维修工的技术水平进行派工，执行维修单工作。

需要生产工人数与现有维修工人数比较，若等于或小于则说明维修能力足够或有余，原则上应提请劳动工资部门列入劳动工资计划予以调整。

单车维修生产计划根据维修工时定额、工艺过程和作业方法等，并与厂或车间的维修生产计划综合平衡后以图表形式确定。单车或单台总成的维修生产计划可作为车间指导维修生产的技术文件。

2. 维修的时间控制

汽车维修工时定额是依据一定的技术组织条件制定的,先进合理的工时定额是和当时维修生产水平相适应的。汽车维修工时定额应有一定的稳定性,但是这种稳定性是相对的、暂时的,随着行业技术水平的进步,维修人员素质、熟练程度的提高,维修技术装备的升级,检测诊断技术的发展,汽车产品车型的发展,原来先进合理的工时定额会变成落后不合理的工时定额,因此汽车维修工时定额需要及时地修订和完善。

在日常的维修生产中,维修项目的实际维修时间总是和维修工时定额标准不完全一致的,但是应该基本符合维修工时定额标准,或高一些,或低一些,不应有太大的出入。实际的维修时间与维修工时定额之间应当存在一个相对理想的比值,目前,一些先进维修企业的统计资料表明,实际维修时间与维修工时定额的理想比值为 0.9~1.05 之间。如果比值在此范围内且较小的话,说明维修生产效率较高;如果比值在此范围之内而且比值较大的话,说明维修生产效率较低,但可以接受;如果比值超出此范围,说明维修生产效率或工时定额存在一定问题;如果实际维修时间与维修工时定额的比值小于 0.9,意味着“维修效率太高”,可能存在下列问题:

1）实际维修时间过短,有可能维修作业不规范,省略工序,片面追求维修效率,忽视维修质量。

2）标准维修定额值太大即标准维修定额值制定得脱离实际,不合理;或随着维修技术的发展,维修人员熟练程度的提高,标准维修工时定额已经落后过时,需要调整。

如果实际维修时间与维修工时定额的比值大于 1.05,意味着“维修效率太低”,可能存在下列问题:

1）维修效率太低,维修作业的有关环节存在问题,有怠工现象。

2）标准维修定额值太小即标准维修定额值制定得脱离实际,不合理。

对于维修企业而言,应当在保证维修质量的同时,做好维修作业的时间控制,不断提高维修作业效率,提高维修生产管理水平,从而提高企业经济效益。

如何做好维修作业的时间控制呢？建议从以下各方面考虑:

1）管理人员和维修人员进行培训教育,树立并强化时间观念,充分认识到“时间是最宝贵的资源,时间的浪费是最大的浪费”。

2）树立以维修业务量、维修质量为主要内容的员工激励与业绩考核制度,鼓励维修人员提高维修效率,缩短维修时间。

3）在业务接待或车间调度员向维修人员下达维修任务委托书或派工单时,应明确维修完工的时间要求,以使维修作业人员心中有数。对于完工交车时间以及工序交接时间做好精确的记录。可以在车间采用维修进程的作业看板目视管理,维修看板上对于每一台在修车辆的车牌号、维修项目、维修时间进程随时记录、更新,使维修车间管理人员对维修生产情况一目了然,为维修派工时快速提供方便、可靠的依据,提高派工效率。

4）维修车间工艺布局、设备安置合理化，维修工艺流程中各个工序衔接合理化，检测、拆卸、清洗、更换、质检、试车及时交接，缩短辅助工序的作业时间，避免不必要的等待时间消耗。

5）配备足够的设备、专用工具、检测仪器，且齐全良好，减少不必要的等待、借用时间。

6）配件部门充分配合，有足够的库存，制单、发料人员业务熟练，尽量缩短配件材料领发料的时间。

7）对维修人员开展技术培训、岗位练兵，不断提高维修人员的技术水平与熟练程度。

8）充分利用先进的管理手段进行时间管理，如应用于前台业务接待、配件库领发料、车间调度派工的计算机局域网管理信息系统，安装于各维修工位的计时器，用于车间与维修前台通信联系的对讲机等。

3. 维修生产调度

执行车辆维修生产计划时，一个生产环节的变化，会引起一连串的问题（如后续工序待工、友邻工种待料等）。因此，一个灵活而有经验的生产调度系统是生产计划顺利执行的必要保证。

调度在企业生产运作中具有组织、指挥、控制、协调的职能和作用。

调度管理的组织职能与作用，就是把生产经营活动的各种要素和各个环节以及各个方面尽可能地从空间上和时间上有机地组织起来，发挥最大的作用。其内涵主要有三个方面：一是建立合理的调度管理组织体系，按照“人”是管理的主体，“物”是管理的物质基础，“信息”是管理的依据，“时间”是管理的条件，“环境”是管理的结合要素，全面系统地建立生产经营活动的职责权限，从中厘清生产调度管理系统与各个专业管理之间的关系。二是建立健全调度系统岗位结构的组织设置，把专业调度和综合调度及其有关岗位的合理配置，在明确职责权限的基础上，形成调度组织系统的整体优化。三是组织生产经营活动，做到组织生产经营作业计划的制订，按照确定的生产经营作业计划组织供、产、销、运等工作，使生产经营活动有效进行。

指挥职能与作用就是调度在生产经营活动中及时有效地处理各种问题，领导和调度各级各类人员按照生产经营目标协调配合。其主要内容：一是按照特定目标和计划，在实施当中转化为具体计划、命令、指令。调度在随时随地收集信息和掌握进度与情况的基础上，对调度系统网络进行分层分级的权威指挥。二是在组织实施生产经营活动中进行有效交流。调度在工作中为了充分地发挥命令和指令的作用，进行信息传递和思想沟通，让对方理解意图，接受活动内容，通过坐台调度和现场巡检，利用通信设备和直接交流，将布置和检查的工作，经过分析、加工、理解、判断，做出正确的反应与回答，使其调度与被调度人员保持和处于和谐的人事关系交流之中，相互尊重，相互理解，密切合作。三是善于运用多种方式调度指挥。坐台调度和现场调度，使用最多、最方便的方式是口语。因此，要有口语表达能力的良好素质，注意用词恰当，言简意明，事由原委清楚。为了保证执行起来不走样，避免争执和扯皮现象发生，宜采用方案方式指挥，这样就要求调度具有一定的书面表达能力的基本素质，下达通知、填写调度卡、派工等都要亲自动笔。

调度管理的控制职能与作用，就是按照既定目标和标准对生产经营活动所进行的监督和检查，掌握信息，发现偏差，找出原因，采取措施，加以调整纠正，保证预期目标和标准的活动。其主要内容：

1）综合性控制，按照横向管理协调一致的原则，使跨部门的各项生产经营专业工作按计划、步调一致地协同进行。

2）系统性控制，按照纵向衔接有序的原则，使跨车间的分层调度工作顺利实施。

3）专项性控制，按照计划是指导实际的期望，控制是完成计划的手段，信息是控制的依据等关系，进行有效的进度控制。为确保作业计划的完成，进行严格的维修生产控制、配件库存控制，并确保储备额标准，及时掌握动态变化，确保稳定有序，做好超前管理的控制。

4）环境条件控制，通过察看图表、账本，参加会议和各种活动，及时掌握关联维修生产经营活动的企业内部条件和外部环境的有关信息，使供、产、销、运在动态变化中得到平衡。

协调是调度的基本职能之一。生产经营系统化管理过程中，动态平衡是规律，然而平衡和不平衡总是不断更替的，协调就是维护动态平衡，消除动态不平衡，保证生产经营系统内部各个环节的畅通，保证所有生产经营组成部分同步运行，这就是调度所发挥的中心作用。主要分类：一是内部协调，又有纵横协调之分，纵向协调就是调度系统上下之间、环节之间、工序之间在完成生产计划过程中所要衔接平衡的事宜；横向协调是指企业内部各专业管理的部门与部门、单位与单位之间，以及部门、单位与调度之间所需生产与经营方面的协调。二是外部协调，也就是企业与外供、企业与营销市场、企业与运输部门之间的协调。其中，经营系统，如配件供应和销售及运输等方面的对外协调，调度部门只是参与性地调查和预测，以及提出方案措施等来进行间接性的协调，而专业部门则是直接性地对外协调。供、产、销、运四大环节的协调，无论是间接、直接协调，都是在调度综合职能指挥下，相互配合，保证平衡，杜绝各个部门和各类人员因各自目标而忽视与横向之间协调的条块分割，以维护生产环节的核心。

调度人员良好的工作作风有助于增强调度工作的权威，没有好的工作作风，不仅会影响调度工作质量和工作效率，还会影响调度人员与职工的关系。每个调度人员都必须注意工作作风的修养，以保证调度工作的顺利进行和管理目标的实现。

汽车维修企业既不生产汽车，也不生产配件，其产品就是无形的服务，每一次服务都是以客户是否满意来判断质量是否合格，并尽量感动客户。企业能够持续运转的原动力，其实就是客户的需求。

知识链接

1. 编制维修生产计划应考虑的因素

1）各种生产形态（订单维修生产与预约维修生产或小修、维护、大修等）。

2）当地过去 5 年的车辆销售量（保有量）和销售量增长率。

3）当地未来 3 年预计的车辆销售量（保有量）和销售量增长率。

4）本企业去年的维修量和维修项目结构。

5）本企业的作业工位数量、场地面积、工具设备和检测仪器的种类和数量。

6）车间、部门、班组人员的结构，管理人员和技师、技工的数量以及技能状况。

7）员工的工作时间和工作效率，客户送修车辆车况和需要维修作业的时间。

8）季节性的维修需求、时段性的活动安排、突发性的事件处理等对各工种的不平衡需求。

2. 车辆维修生产能力

车辆维修生产能力是指维修企业在计划期内可以提供的有效生产工时量，计算方法如下：

1）按车辆维修计划列出作业次数 a。

2）根据作业定额规定列出工时定额 b。

3）根据本厂自制配件和修理旧件的计划工时及机具维修、革新计划等工时列出修旧革新工时 c，一般为所担负车辆维修作业总工时计划的 18%～20%。

4）作业总工时按作业范围分工种计算，作业总工时等于 a、b 两项乘积再与 c 之和。

5）根据作业总工时计算应有生产工人数，计算方法如下：

需要生产工人数＝作业总工时/每个生产工人年有效工时

每个生产工人年有效工时＝(365－节假日数)×工作制时间×工时利用率

3. 调度的素质

1）工作上要从严从细，坚持“严、细、快”的作风，处理问题要多谋善断，善于用科学的方法解决问题。

2）经常深入实际，了解维修生产情况，勤于思考，虚心学习，掌握规律，做到指挥生产心中有数，绝不瞎指挥。

3）有较强的组织观念和纪律观念，严格遵守厂规和工作规程，做职工的表率，工作不拖拉、不推诿、有条理。

4）实事求是，反映情况和问题要符合实际。

5）办事严肃认真，及时牢靠，做到“事事有着落，项项有回音，条条有记录”。

6）尊重群众，关心群众，善于把调度意图转变为职工的实际行动。

5.4　汽车维护

在汽车的使用过程中，由于汽车的新旧程度、使用地区条件的不同，在各个时期对汽车维护作业项目也不同。根据《汽车维护、检测、诊断技术规范》有关规定，汽车维护分为日常维护、一级维护、二级维护三种级别。维护作业以清洁、检查、补给、润滑、紧固和调整为主，维护范围随着行驶里程的增加逐步扩大，内容逐步加深。

1）日常维护是驾驶员为保持汽车正常工作状况的经常性工作，其作业的中心内容是清洁、补给和安全检视，通常是在每日出车前、行车中和收车后进行的车辆维护作业。

2）一级维护是对经过较长里程运行后的汽车，由维修人员对汽车安全部件进行的检视维护作业。其作业中心内容除日常维护作业外，以清洁、润滑、紧固为主，并检查有关制动、操纵、灯光、信号等安全部件。

3）二级维护是由维修企业负责执行的汽车维护作业，其作业中心内容除一级维护作业外，以检查、调整为主，并拆检轮胎，进行轮胎换位。这是因为汽车在经过更长里程运行后，必须对车况进行较全面的检查、调整，以维持其良好的技术状况和使用性能，确保汽车的安全性、动力性和经济性等达到使用要求。

4）根据汽车有关强制维护管理方面的规定，在汽车维护作业中除主要总成发生故障必须解体外，不得对其他总成进行解体。为减少重复作业，季节性维护和维护间隔较长的项目（指超出一、二级维护项目的维护内容），可结合一、二级维护时进行。在汽车二级维护前应进行检测诊断和技术评定，根据结果确定附加作业或小修项目，结合二级维护一并执行。

5.4.1　汽车维护生产工艺

1. 汽车维护工艺流程

汽车维护工艺流程是指经规范化的汽车维修业务流程或工艺路线。汽车维护工艺流程如图 5-2 所示。

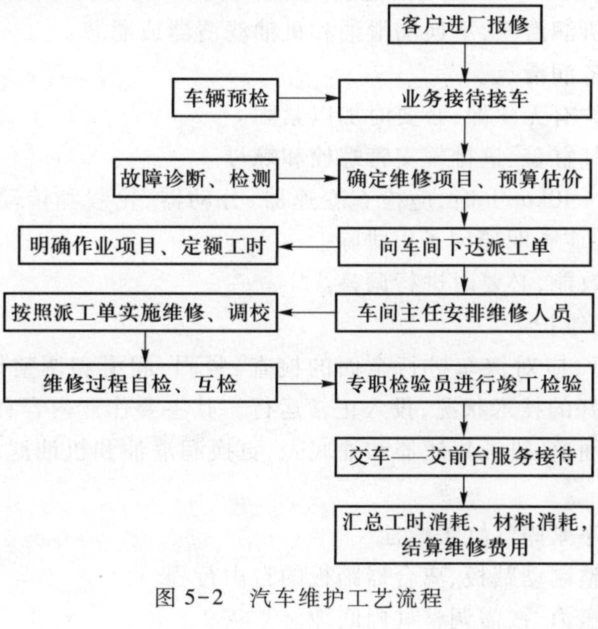

图 5-2　汽车维护工艺流程

2. 汽车维护主要阶段

（1）走合期的维护

汽车的使用寿命、工作的可靠性和经济性在很大程度上取决于汽车使用初期的走合。汽车的走合期就是指新车或大修后的汽车最先行驶的一段里程。汽车的走合期一般规定为1500~2500km，或按汽车使用说明书规定的里程执行。汽车在走合期的技术维护作业，要按汽车使用说明书规定执行，一般分为走合前、走合中和走合后的三次维护。

（2）走合前的维护

走合前维护是为了防止汽车出现事故和损伤，保证顺利地完成走合，其主要内容有：

1）清洗全车，该作业针对贮库期较长的新车。

2）检查和紧固外部各种螺栓、螺母。

3）检查各部位润滑油、制动液、冷却液的数量和质量，根据需要进行添加或更换，并检查各部位有无渗漏现象。

4）检查轮胎气压和蓄电池放电情况、电解液的密度和液面高度，根据需要给予添加。

5）检查制动效能，必要时进行调整。

6）检查各操纵部位是否灵活有效。

7）检查发动机运转情况，察听有无异响，观察各仪表灯光、信号装置是否齐全有效。

（3）走合中的维护

一般在汽车行驶500km左右时进行走合中的维护，主要内容有：

1）清洗发动机润滑系，更换润滑油和机油滤清器或滤芯。

2）润滑全车各润滑点。

3）检查各部位有无渗漏，必要时加以紧固。

4）检查紧固气缸盖、进排气支管螺栓和螺母。

5）车速在30~40km/h时，应检查变速器、分动器、轮毂和传动轴等是否有过热和异响，如不正常，应查明原因予以排除。

6）检查制动效能，必要时进行调整。

（4）走合后的维护

走合期结束后，应对汽车进行全面的检查、紧固、润滑和调整作业，拆除限速装置，使汽车达到良好的技术状况，投入正常运行。其主要作业内容有：

1）清洗润滑油道、机油集滤器和油底壳，更换润滑油和机油滤芯，清洗离心式机油滤清器的转子。

2）按规定顺序紧固气缸盖螺栓。

3）检查和调整制动踏板、离合器踏板的自由行程。

4）测量气缸压力，按需调整气门间隙。

5）检查、紧固与调整前桥转向机构。

5.4.2 汽车维护技术检验

1. 维护过程检验

汽车维护进行过程检验的目的是实现维护过程的质量控制。《汽车维护、检测、诊断技术规范》明确提出，维护过程中，要始终贯穿过程检验，并做检验记录。过程检验中各维护项目的技术要求，需满足相应的有关技术标准，或出厂说明书的有关规定。

维护过程检验是一项过程质量管理工作，是确保汽车维护质量的重要环节，汽车维护过程检验具体有如下要求：

1）实施跟踪检验，即应在维护作业项目（含基本作业项目和附加作业项目）执行过程中全面地自始至终实施质量检验。

2）做好检验记录，特别是对有配合间隙、调整数据或拧紧力矩等技术参数要求的作业项目，要有检验数据的记载，作为作业过程质量监督的依据，也可为汽车竣工出厂检验提供依据和参照。

3）需满足相应的有关技术标准，或出厂说明书的有关规定。

2. 维护竣工检验

汽车维护竣工检验，是汽车维修企业对承修汽车在维护过程中作业项目维护质量的一次综合检验，是控制汽车维修质量，杜绝不合格汽车出厂的一个重要环节。汽车维护竣工检验应由专职检验员和专业检测线来完成，检验人员须熟悉汽车维护的作业内容、作业过程及维护汽车的技术要求，掌握国家、行业及地方的有关技术标准和检测方法，并能对汽车维护竣工检验（包括人工检查、道路试验和检测线检验等）的结果进行分析，指导维修人员进行调整修理，能够正确填写有关的技术资料。

3. 人工检查

人工检查是汽车维护竣工检验中不可缺少的一个重要部分，是用检测仪器和设备对维护汽车的维修质量和性能进行定量检测的补充。人工检查大部分是定性检视，但对某些有定量要求的项目也应借助一般工、量具进行必要的测量。根据人工检查和测量的结果，对照国家、行业或地方的有关标准限值，可以得出正确的人工检查结论。

（1）整车及外观检查

主要内容有清洁、面漆、车身对称、紧固、润滑、密封及电路、前照灯、信号灯、仪表灯、刮水器、后视镜等装置。

1）汽车清洁检查。维护竣工的汽车外表应清洁无泥垢、尘土，各总成件外部及底盘下方应无油污。空气滤清器芯、燃油滤清器和机油滤清器应清洁干净。

2）汽车面漆检查。汽车外表面的油漆应无气泡、开裂或漆膜脱落现象；补漆腻子应平整，补漆颜色应与原色基本一致。

3）汽车润滑检查。汽车维护按规定应对发动机、变速器、转向器、减速器等总成件的润滑油进行检查、补充或更换，各总成件的润滑油量应达到规定的液面高度；对水泵、风扇、转向节销和销孔、传动轴万向节轴承和花键、车轮制动器凸轮轴、钢板弹簧支撑销和支撑滑块等部位的润滑点，应加注新的润滑脂，润滑脂油嘴应齐全有效，安装方向应正确。

4）汽车密封的检查。汽车维护竣工后的密封检查，除了对该车的车门、车窗、客车车身、货车车厢等部位的密封性能进行检视以外，主要是对汽车各总成件或连接管路的漏水、漏油、漏气进行检查。要求在发动机运转及停车时散热器、水泵、气缸体、气缸盖、暖风装置及所连接部位均不得有明显渗漏水现象；在储气筒气压达额定值时，或踩下制动踏板后，各制动管路、泵阀不得有漏气、漏油现象；在汽车连续运行10km，停车5min后，发动机、变速器、减速器等部位不得有明显渗漏油现象。

5）车体周正检查。按GB 7258—2012《机动车运行安全技术条件》中的规定，车体应周正，车体外缘左右对称部位高度差不得大于40mm，此项检查应将被检车开上纵、横向坡度均不大于1%的平整场地上，轮胎气压正常，在离地高1.5m内用专用标尺测量外缘左右对称部位的离地高度，其对称部位的离地高度值之差不得大于40mm。

6）紧固件检查。汽车零、部件的连接，特别是在汽车运行中高速旋转部件的连接，对行车安全至关重要。维护竣工汽车的连接件的紧固情况，应首先重点检查转动部件的连接螺栓是否紧固，其次对汽车外部连接螺栓（如车身连接、驾驶室与车架连接、发动机支架螺栓、钢板弹簧U形螺栓、制动底板紧固螺栓、制动凸轮、制动蹄支架等连接部位的紧固情况）进行检查；要求各部位螺栓连接件上的弹簧垫圈、平垫圈或防松垫圈、开口销等齐全有效，并按原车的使用说明书或有关技术文件的规定力矩拧紧，对原车使用说明书或有关技术文件没有规定的，应按一般螺纹紧固件的拧紧力矩拧紧。总之，汽车外部的连接螺栓和螺母不得有松动现象。

7）照明与信号装置检查。要求各灯具安装牢靠、齐全、有效，所有灯的开关应安装牢固，开关自如。检查双丝灯泡的接法是否正确；转向信号灯与制动信号灯的灯丝发光强度应高于同灯泡中另一根灯丝的发光强度；汽车前照灯内的远、近光灯丝接法也必须两边同步，不得反接；对四灯制的汽车，远、近光双光束的灯泡应装于汽车前部的外侧，远光单光束灯泡应装于内侧；前照灯总成的配光性能应符合GB 4599—2007《汽车用灯丝灯泡前照灯》规定的要求，转向信号灯和应急信号灯的闪光频率应为1.5Hz±0.5Hz，启动时间不大于1.5s。

（2）转向系检查

主要内容有转向器、转向节、转向节臂、转向摇臂、横拉杆、直拉杆及球头球销、转向助力装置、转向盘自由转动量等，要求转向机构操纵轻便、转向灵活，无摆振、路感不灵或其他异常现象，车轮转到极限位置时，不得与其他部件有摩擦现象。

1）转向器总成的检查。转向器总成安装应牢固，润滑油量应符合要求，转向器轴、轴承、齿轮等应转动自如，不得有松旷、窜动或干摩擦现象。

2）转向节臂总成的检查。转向节销及销孔应加注润滑脂，转向时不得有松旷或跳动现象；各转向节臂的螺栓连接应牢固，开口销齐全有效。

3）转向系拉杆总成的检查。转向系横、直拉杆球座及球销应无裂纹和损伤，润滑良好，拉动拉杆时球销不得松旷或跳动，各拉杆不准拼接或烧焊。

4）转向盘自由转动量的检查。测量转向盘自由转动量时，汽车应保持直线向前状态，将转向轮置于平坦、干燥和清洁的硬质路面上，将检测仪器安装到转向盘上；转动转向盘至一侧有阻力时止，再转至另一侧有阻力时止，测量出其间的最大自由转动量，转向盘自由转动量的最大允许值为 20°（最大设计车速大于或等于 100km/h 的机动车）或 30°（最大设计车速小于 100km/h 的机动车）。

5）转向助力装置的检查。转向助力装置应连接紧固，液压油量应符合规定，不得有渗漏油现象；当发动机不工作时，依靠驾驶员的力量，应能转动转向盘。

6）转向轮最大转向角的检查。转向轮的最大转向角是指汽车转向时内轮所能转过的最大角度，转向轮的最大转向角应符合原厂的技术要求。检查时将保持直线行驶的汽车开上转向角测量仪，调整转盘角度指针零点，然后拔去转盘锁销，转动转向盘到一侧的极限位置，保持转向轮不动，记录内外轮转盘指针指示的角度数；然后再将转向盘转到另一侧的极限位置，记录下内外轮转盘指针指示的角度数，两内轮的转角数即为转向轮的最大转向角。

7）车轮前束的检查。车轮前束值应符合原厂的技术规定。人工检查时，应首先选好被测车轮上的测量点（不同厂牌车型汽车的测量点位置是不同的，有的在胎面中心，有的在轮辋边缘处），然后用专用前束尺进行测量。对非独立悬架车轮，可用千斤顶顶起车桥进行检测，对独立悬架车轮只能落在地面上进行检测或用四轮定位仪检测，测读数据时，前束尺应保持水平并与车轮轴线保持同一高度，以避免产生测读误差。现在 4S 店多使用四轮定位检查。

（3）行驶系人工检查

主要内容有车轮和轮胎、悬架、车架、车桥等。

1）车轮和轮胎的检查。轮胎的表面磨损：轿车和挂车轮胎胎冠上花纹深度不得小于1.6mm，其他机动车转向轮轮胎的胎冠花纹深度不得小于 3.2mm，其余轮胎胎冠花纹深度不得小于 1.6mm；轮胎胎面不得因局部磨损而暴露出轮胎帘布层，轮胎的胎面和胎壁上不得有长度超过 25mm 或深度足以暴露出轮胎帘布层的破裂或割伤。

同一轴上轮胎型号和花纹应相同，轮胎型号应符合汽车出厂时的规定，汽车转向轮不得装用翻新的轮胎；轮胎负荷不应超过该轮胎的额定负荷，轮胎的充气压力应符合该轮胎承受负荷时规定的压力；轮胎的动平衡量应符合有关规定；车轮螺母和螺栓应齐全完整，并应按规定力矩紧固；车轮总成的横向摆动量和径向跳动量要求，总质量小于或等于 4.5t 汽车不得大于 5mm，其他汽车不得大于 8mm。

2）悬架的检查。悬架主要由弹性组件、减振器和导向机构三部分组成，它们分别起缓冲、减振和导向作用，为保障运行安全，二级维护竣工出厂的汽车必须检查。

钢板弹簧或螺旋弹簧不得有裂纹和折断现象，其弹簧形式和规格应符合产品使用说明书中的规定；钢板弹簧中心螺栓和 U 形螺栓连接应牢固；装有减振器的汽车，减振器不得有漏油现象,安装应牢固、有效。

3) 车架和车桥的检查。车架不得有锈蚀、变形、裂纹和折断,螺栓和铆钉不得松动或缺少;拖车钩、备胎架应齐全,无裂纹、变形,连接牢固。前后车桥(轴)不得有变形、裂纹和移位,左右轴距差不得大于轴距的 1.5/1000;车桥与车架或悬架之间的各种拉杆和导杆不得变形,各接头和衬套不得松旷、窜动。

4. 道路试验

汽车维护竣工的人工检查,仅仅是对竣工汽车进行的静态检查,但汽车发动机的运转情况,离合器、变速器、减速器、转向系统、制动性能及整车滑行性能的好坏,还必须经过汽车道路试验后,才可确认。

(1) 汽车道路试验发动机工作状况

主要内容包括发动机起动性能、怠速和加速性能、发动机异响等。

1) 起动性能试验。发动机应有良好的起动性能,驾驶员在驾驶座位上即能起动;汽油发动机在不低于-5℃,柴油机在不低于 5℃ 的条件下,用起动机起动时,应在 5s 内起动成功,在做重复起动试验时,每次间隔 2min。

2) 怠速和加速性能试验。怠速为发动机最低稳定转速,转速值应符合原厂的技术要求;当发动机工作温度正常后,怠速运转应平稳无抖动现象;在运行中,发动机从怠速向低速、中速、高速变换时,转速应能随节气门开度的增大而升高,各工况之间应平滑过渡;急加速时,发动机转速应提升迅速,不得有“回火”“放炮”“断火”或“爆震”现象。

3) 发动机异响检查。当发动机温度正常、运转稳定后,应该在不同的路况和工况下都不得有任何异常响声。发动机异响有机械异响和燃烧异响之分:

机械异响是发动机运动摩擦副的配合间隙过大、过小或机件损坏造成的,常见的机械异响有:曲轴主轴承响、连杆轴承响、活塞敲缸响、活塞销响、气门间隙响等。发动机机械异响可用发动机异响诊断仪来检查,或用人工借助于发动机的转速、负荷、温度、润滑油压力的变化和短路点火电压来诊断。

燃烧异响是可燃混合气在发动机燃烧室内的不正常燃烧造成的,常见的现象有“回火”“放炮”或“爆震”等。燃烧异响常伴随着发动机转速突然升高而增大,主要原因是点火时间过早、过迟和可燃混合气过稀、过浓及燃油品质较差等,当适当改变点火提前角或混合气浓度时异响有所减弱或消失。因燃油品质较差而引起的“爆震”,应选用正确的燃油牌号。

(2) 汽车道路试验传动系工作状况

主要内容应包括:离合器、变速器、传动轴、主减速器和差速器等。

1) 离合器踏板的自由行程应符合原厂规定,踩下或放松离合器踏板时,应有明显的空行程和工作行程之区别。汽车起步时,缓慢抬起离合器踏板至完全接合,整个过程中应无抖动或异响。汽车运行中,在加速、减速或上坡时,离合器应无打滑、振动或异响。离合器分离应迅速彻底,接合应平顺。

2) 变速器变速杆的档位应感觉清楚。传动杆件的连接应牢固,自锁、互锁装置有效,换档操作方便,行驶中不得有乱档、脱档现象。变速器齿轮在运转中不得有不正常响声,自动变速器汽车的升、降档位应正常。

3）传动轴的装配应符合等角速传动的规定,传动轴上的平衡块或平衡配重的相对位置应正确;万向节与中间支架及中间轴承等的装配应无松旷,行驶中不得有振动或异常响声。

4）主减速器齿轮和差速器齿轮的啮合间隙和齿轮轴承的预紧度应符合原厂的技术要求,不得有松旷、串动,驱动桥在行驶中油温应正常,无异常响声。

（3）汽车道路试验转向系工作状况

主要内容有:转向灵活性、转向操纵轻便性和转向稳定性等。

1）汽车应具有稳定的直线行驶能力,汽车转向轮在转向后应能自动回正;汽车在行驶中转向轮应无偏驶、跳跃和摆振现象;汽车在转向过程中转向轮不得与车架、车桥、车身和各种拉杆、管路等有碰擦现象。

2）转向系各部件及杆件的球销连接处应运动灵活,不得有阻滞或跳动现象,汽车的行驶方向应随着转向盘的转动而平稳转向。试验时汽车空载,在平坦、硬实、干燥和清洁的硬路面上,以 10km/h 的速度在 5s 之内沿螺旋线从直线行驶过渡到直径为 24m 的圆周上行驶,其间用转向测力仪测得施加于转向盘外缘的最大切向力,对一般汽车应不大于 150N;对装有转向助力器的客车应不大于 120N;当转向助力器失效时,转向力应不大于 490N。

也可以采用原地检测方法,将汽车转向轮置于转角盘上,转动转向盘使转向轮达到原厂规定的最大转角,在全过程中用转向测力仪测得的转动转向盘的操纵力不得大于 120N。

3）汽车在转弯加速行驶时,转向系应具有适度的不足转向特性,以使汽车具有正常的操纵稳定性。试验时由检验员转动转向盘至一定角度并维持不变,使汽车由低速逐渐加速行驶,此时汽车的行驶转弯半径应逐步变大,这就是不足转向特性。反之为过度转向特性,不变为中性转向特性。过度转向特性和中性转向特性在汽车高速行驶时是有危险的。

（4）汽车道路试验制动性能

主要内容包括汽车制动时的制动距离、制动减速度、制动稳定性和制动协调时间。在汽车维护竣工检验中,一般只检验制动踏板的自由行程、路试制动距离(拖印)、制动稳定性和驻车制动性能等。

1）制动踏板的自由行程应符合原厂的技术要求,当踩下制动踏板,行车制动达到规定的制动效能时,踏板总行程不得超过全行程的 3/4;制动器装有自动间隙调节装置的汽车的踏板总行程不得超过全行程的 4/5;其座位数小于或等于 9 的载客汽车踏板行程不得超过 120mm,其他汽车不得超过 150mm;对液压制动系统,应在第一脚踏到底时制动力就能达最大值。

2）制动距离是指汽车在规定的初速度下急踩制动踏板时,从脚接触制动踏板时开始到汽车停住时汽车所驶过的距离。路试制动距离时的汽车初速度、制动距离长度的技术要求应符合技术条件的规定。路试时可采用非接触式速度计,直接测取制动距离、制动协调时间和充分发出的制动减速度等。制动完毕,放松制动踏板后,应能迅速解除车轮制动,不得影响汽车的再次起步。

装有 ABS 的汽车,还应检查当车速高于 10km/h 时,系统的报警灯应熄灭;在规定的初速度下急踩制动踏板时,车轮应在无抱死状态下迅速停下来,且同一轴左右轮制动器的制动动作应一致,汽车无跑偏现象。

汽车路试制动性能应在平坦、硬实、清洁、干燥、轮胎与路面间的附着系数不小于 0.7 的水泥或沥青路面上进行,试车路面长度应足够;制动时发动机与传动系统应脱离。

3) 路试紧急制动时,汽车应能按原行驶方向迅速减速并停止,不能有横滑、甩尾或跑偏现象。检测时根据不同汽车要求,在试车道上画出一条 2.5m 或 3m 宽的宽度限制线,再将汽车在试车道线内加速至规定的初速度,保持汽车直线行驶方向不变,然后作紧急制动,此时车身外缘部位不得触及或超出宽度限制线,否则为不合格。

4) 汽车驻车制动性能是在空载状态下,将汽车按正反两个不同方向停放在坡度为 20%、轮胎与地面的附着系数不小于 0.7 的坡道上,使用驻车制动器装置,被检车应在 5min 内保持原地不动。若汽车总质量为整备质量的 1.2 倍以下,停放坡道的坡度为 15%,这种汽车的空载状态与满载状态相差不大。

汽车驻车制动的操纵装置必须留有足够的储备行程,一般应在操纵装置全行程的 2/3 以内达到规定的制动性能。驻车制动机构有自动调节装置的,允许在操纵装置全行程的 3/4 以内达到规定的制动性能。棘轮式驻车制动操纵装置,允许来回拉动驻车操纵杆 3 次以内达到规定的制动性能。

(5) 汽车道路试验滑行性能

主要内容包括汽车滑行距离和滑行阻力。

1) 整车滑行性能的路试检验,应选择在平坦(纵向坡度不大于 1%)、干燥和清洁的硬路面上,风速不大于 3m/s。受检车应空载,门窗关闭,轮胎气压正常。当被检车的行驶车速高于 30km/h 后,置变速器于空档,让汽车滑行,待车速降至 30km/h 时,用速度计或第五轮仪开始测量,其间不准移动转向盘,直到汽车停止,记录其间的滑行距离,至少往返各检测一次,其往返滑行距离的平均值应符合规定。

2) 整车滑行阻力的检验,应在平坦、干燥和清洁的硬路面上进行。汽车空载,轮胎气压正常。解除制动,置变速器于空档。用拉(压)力计拉(压)动被检车,当被检车从静止开始移动时,其最大拉(压)动力,即滑行阻力应≤整备质量的 1.5%。车辆滑行距离要求执行《机动车安全运行条件》。

知识链接

汽车维护的原则

1) 根据原交通部的《汽车运输业车辆技术管理规定》,汽车维护应贯彻预防为主、定期检测、强制维护的原则,即汽车维护必须遵照交通运输管理部门规定的行驶里程或间隔时间,按期强制执行,不得拖延,并在维护作业中遵循汽车维护分级和作业范围的有关规定,保证维护质量。

2）汽车维护是预防性的，保持车容整洁，及时消除发现的故障和隐患，防止汽车早期损坏是汽车维护的基本要求。汽车维护的各项作业是有计划的、定期执行的，其内容是依照汽车技术状况变化规律来安排的，并做在汽车技术状况变坏之前。

3）定期检测是指汽车在进行维护前必须用测试仪器或设备对汽车的主要使用性能和技术状况进行检测诊断，以了解和掌握汽车的技术状况和磨损程度，并做出技术评定，根据结果确定该车的附加作业或小修项目，结合维护一并进行。

4）强制维护是在计划预防维护的基础上进行状态检测的维护制度。汽车的维护工作必须遵照交通运输管理部门或汽车使用说明书规定的行驶间隔里程或间隔时间，按期执行，不得任意拖延。

5.5 汽车修理

5.5.1 汽车修理工艺

1. 汽车修理工艺流程

汽车修理按修理对象、修理深度、执行作业的计划性或组织形式等划分的不同类别或等级。若按修理作业范围可区分为汽车大修、总成大修、汽车小修和零件修理 4 种类别。

汽车大修是新车在行驶一定里程（或时间）后，经过检测诊断和技术鉴定，用修理或更换车辆任何零部件的方法，恢复车辆的完好技术状况，完全或接近完全恢复车辆寿命的恢复性修理。

总成大修是汽车的总成经过一定使用里程（或时间）后，用修理或更换总成任何零部件（包括基础件）的方法，恢复其完好技术状况和寿命的恢复性修理。

汽车小修是用修理或更换个别零件的方法，保证或恢复汽车工作能力的运行性修理，主要是消除汽车在运行过程或维护作业过程中发生、发现的故障或隐患。

零件修理是对因磨损、变形、损伤等而不能继续使用的零件进行修理。零件修理要遵循经济合理的原则，它是修旧利废、节约原材料、降低维修费用的重要措施。

汽车维修工艺是指在一定的人员素质、工艺装备条件下，汽车维修过程中所必须遵守的工艺纪律、工艺规范（包括工艺规程、技术标准、质量验收标准等）。

工艺纪律是指为了达到规定工艺规范和质量验收标准而必须遵守的制度和纪律。

工艺规范（工艺过程）是指为了达到规定的技术标准而规范化了的工艺方法。

工艺规程（工艺路线或工艺流程）是指从原材料（维修车辆开始）到制成成品（维修车辆竣工）各项工序安排的程序。

技术标准是指衡量竣工车辆及其维修作业的技术准则。

质量验收标准是指验收竣工车辆（作业）的要求、条件范围。

汽车修理工艺的组织有就车修理法和总成互换修理法。

汽车维修工艺流程如图 5-3 所示。

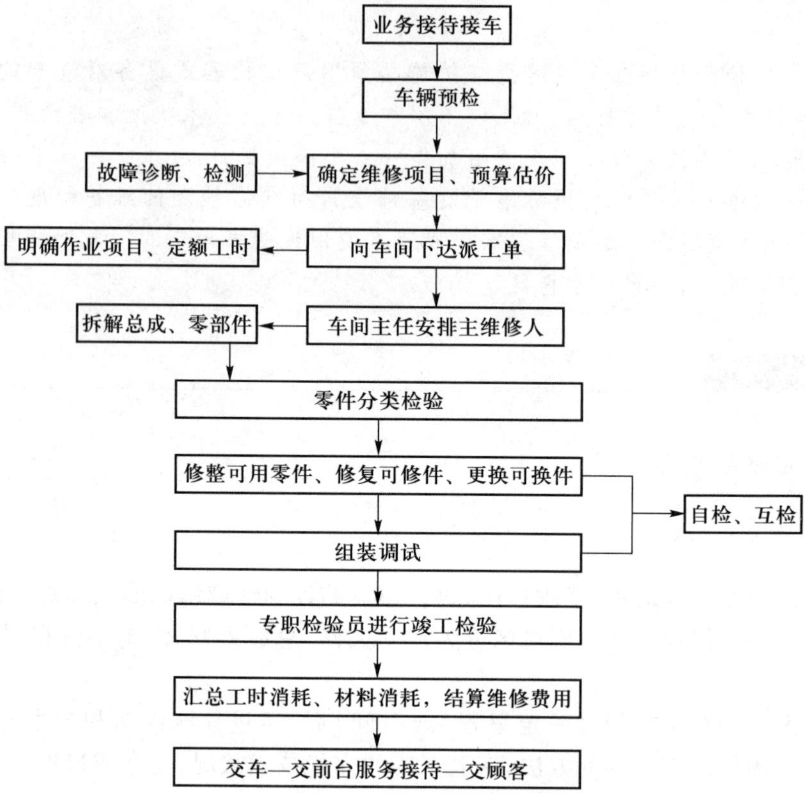

图 5-3　汽车维修工艺流程

2. 汽车维修工艺主要阶段

汽车修理工艺的组成包括汽车修理作业、汽车修理工艺装备、汽车修理工艺规程(汽车进厂检验,零件分类检验,汽车修理过程及其自检、互检,总成的磨合验收,汽车的总装调试,汽车修竣出厂检验)、汽车修理技术标准。

汽车维修工艺的内容包括汽车零件的修复(通过分析零件损坏的原因,提出最佳的工艺修复方案,从而保证修复质量,降低成本,提高生产效率)和汽车或总成的装配(它是根据汽车制造厂原定的装配要求或根据各部件的间隙标准,制定最佳装配工艺方案,从而保证汽车或总成的装配质量,降低成本,提高生产效率)。

(1) 进厂检验

进厂检验指对送修汽车的装备和技术状况的检查鉴定,以便确定维修方案。主要内容有:对送修汽车进行外观检视,注明汽车装备数量及状况,听取客户的口头反映,查阅该车技术档案和上次维修技术资料,通过检测或测试、检查,判断汽车的技术状况,确定维修方案,办理交接手续,签单。

（2）汽车及总成的拆卸

汽车及总成的拆卸工作量比较大，直接影响到汽车的修理质量与修理成本。从拆卸工作本身来看，并不需要很高的技术，也不需要复杂的设备。但是，往往由于不重视这项工作，在拆卸工作中会造成零件的变形和损伤，甚至无法修复。总成的分解工作质量，将直接影响到汽车和总成的修理质量和修理速度，所以在拆卸工作中应注意到修理后的装配工艺要求。

（3）零件清洗

汽车和总成拆解成零件以后，须进行零件清洗，以清除油污、积炭、水垢和锈蚀。对于不同的污垢要采用不同方法清除，所以零件清洗工作分为清除油污、清除积炭、清除水垢和清除锈蚀等。

清除油污：油污大体可分为脂肪（动、植物油）油污和矿物质油污两大类。清除油污的方法很多，大致可区分为碱水除油和有机溶剂除油两类。碱水除油是用苛性钠清洗脂肪类油污，脂肪和苛性钠经加热发生皂化反应而生成肥皂和甘油。有机溶剂（常用的有汽油、煤油和柴油等）除油优点是简便、不需加热、对金属无损伤，但是清洗成本高，易燃烧，不安全，一般不宜采用。

清除积炭：清除积炭用得比较多的是化学方法，就是用退炭剂（化学溶剂）将零件上的积炭软化，软化后的积炭很容易除掉。用化学方法清除积炭的优点是零件表面不会受到刮伤或擦伤。

清除水垢：发动机冷却系中如果长期加注硬水，很容易在发动机水套和散热器壁上沉积水垢，造成散热不良，影响发动机的正常工作。由于水质不同，有的水垢主要成分是碳酸钙（$CaCO_3$），有的水垢主要成分是硫酸钙（$CaSO_4$），有的主要成分是二氧化硅（SiO_2），也有的水垢同时含有几种成分。

汽车修理企业大多数都采用酸洗法或碱洗法清除水垢，因为酸或碱性溶液对水垢均有溶解作用。化学除水垢的实质是通过酸或碱的作用，使水垢从不溶于水的物质转化为溶于水的盐类。

（4）零件检验分类

根据修理技术条件，按零件技术状况将零件分类为可用、可修和不可修的检验，称为零件检验分类。零件检验分类是汽车大修工艺过程中的一项重要工序，直接影响到汽车的修理质量和修理成本。零件检验分类一般都采取集中检验的方法，即在整车和各总成分解清洗后，由专职检验员对集中在一起的零件进行检验和分类。

零件检验：在零件检验过程中对于材质发生改变或出现裂纹的零件，一般用外部检视或探伤的方法可以判断；对于磨损或变形的零件，则应测量其磨损量或变形量的大小，判断其是否超过“允许值”范围和是否需要修复。零件磨损或变形的“允许值”表示零件在达到该数值以前，无须进行修理，至少还可以继续使用一个大修周期。

零件分类：在零件检验的基础上，正确区分可用的、可修的和不可修的零件，在保证修理质量和较好的经济效益的前提下进行综合考虑的结果。可用零件是指其尺寸和形状、位置误差均符合大修技术标准，可以继续使用的零件。可修零件是指如果通过修理，能使零件符合大修技术标准，保证使用寿命，经济上也合算的零件。如果零件不符合大修技术标准，且已无法修复或修复成本不符合经济要求时，这种零件就属不可修零件，可以报废。

(5) 零件修理

零件修理的目的就是恢复它们的配合特性和工作能力。零件修复的基本方法有尺寸修理、补偿修理和压力加工修复等。

(6) 总成装配

总成装配是把已经修好的零部件（或更换的新件）按技术要求装配成一台完整总成的过程，在整个汽车修理过程中非常重要。总成装配质量的好坏，直接影响汽车修理的质量。

为了保证装配质量，应特别注意下列要求：

1) 不可互换的零件、组合件，应按原位安装（对准装配记号），不得错乱。

2) 重要的螺栓和螺母（如气缸盖的螺栓、主轴承盖的螺栓、连杆的螺栓和螺母）必须按规定的转矩按顺序拧紧。

3) 装配时应尽量采用专用工具，装配有相对运动的零件时，应在配合表面涂上清洁的润滑油。

4) 在装配过程中，应该边安装、边检查、边调整，以保证装配质量。

(7) 总成试验

在生产中广泛采用的是无负荷的冷磨合和热调试，习惯上称为冷磨和热试。

冷磨：由外部动力驱动总成或机构的磨合。对发动机而言，冷磨的目的是对关键的部位（如气缸与活塞环，曲轴颈与轴承，凸轮轴颈与轴承等）进行的使表面平整光滑，建立能适应发动机正常工作的承载与表面质量要求的磨合过程。冷磨时，将发动机装在磨合架上，不装火花塞或喷油器。磨合时，一般采用低黏度的润滑油，这是因为它的流动性好，导热作用强，可降低表面温度，避免磨合时发生熔着磨损，加强了清洗作用，使磨屑得以及时清除，也易补充到间隙小的部位。冷磨时，常在较稀的车用机油中加入 15%～20%的煤油或轻柴油。为改善磨合质量，缩短磨合时间，可在润滑油中加入硫、磷、石墨、二硫化钼等添加剂。

一般开始磨合的转速以 550～600r/min 为宜，然后在此基础上逐步增加，每一级以 100～200r/min 递增，整个冷磨时间不得少于 2h。冷磨以后，放出全部润滑油，加入清洗油，再转动几分钟，彻底清洗零件表面和润滑油道，放出清洗油。

热试：将冷磨后的发动机装上全部附件后起动，以自身的动力运转，除进一步磨合外，主要是对发动机的工作进行检查调整。热试时转速不宜过高，一般 1000～1400r/min，时间不少于 1.5h，水温应保持 75～85℃，应仔细观察各处的衬垫、油封、水封及接头有无漏油、漏水、漏电、漏气现象；查看电流表、机油压力表、水温表读数是否正常；调整点火系、供油系，使怠速和各种转速时运转均平稳；检查发动机各部分有无不正常响声；测量气缸压力应符合要求。热试后，应检查气缸壁磨合情况和曲轴轴承磨合情况（抽查一道即可），检查各道曲轴轴承螺栓和螺母的紧固锁止情况，检查和调整气门间隙，更换润滑油和细滤器滤芯，重新按规定转矩将气缸盖螺栓再依次紧一次。

（8）汽车总装

汽车总装配是将经过修理和更换，并经检验合格的各总成、组合件及连接件，以车架为基础，装配成一辆完整汽车的过程。汽车总装配质量的好坏，直接影响着汽车使用性能及运行安全。

汽车总装作业要点：装配前，对各总成、组合件、零件和附件进行检查，各项指标都应符合技术条件的规定；总装时，要认真执行技术条件中的规定，正确装配，然后按照安全操作规程进行装配作业；总装后，必须进行试车检验，确保汽车符合技术条件的各项要求，为客户提供高质量的、性能良好的汽车。

（9）竣工检验

汽车总装后，要进行一次全面综合性检验，其目的是检查整个汽车的修理质量，消除发现的缺陷和问题，使修竣的汽车符合技术标准的规定，为客户提供性能良好、质量可靠的汽车。

竣工检验包括试车前检验、试车检验和试车后的检验。竣工检验应由专职检验员填写汽车大修竣工检验单。

5.5.2 汽车修理技术检验

汽车修理技术检验就是按规定的技术要求确定所修理的汽车、总成、零部件技术状况而实施的检查。这种检查针对不同对象，借助某些手段测定质量特性，并将测定结果同技术标准相比较，判断是否合格。汽车修理技术检验可分为整车技术检验、总成技术检验、零部件技术检验。

汽车修理技术标准是对汽车修理全过程的技术要求、检验规则所做的统一规定。汽车修理技术标准是衡量修理质量的尺度，是企业进行生产、管理的依据，具有法律效力，必须严格遵守。认真贯彻技术标准，对保证修理质量，降低成本，提高经济效益和保证安全运行都有重要作用。我国汽车修理技术标准分四级，即国家标准、行业标准、地方标准和企业标准。

1）国家标准。国家标准是国家对本国经济发展有重大意义的工农业产品、工程建设和各种计量单位所做的技术规定，由国务院标准化行政主管部门制定。如现行有关汽车修理的国家标准主要有：

GB 7258—2012《机动车运行安全技术条件》

GB/T 3798.1—2005《汽车大修竣工出厂技术条件 第1部分：载客汽车》

GB/T 3798.2—2005《汽车大修竣工出厂技术条件 第2部分：载货汽车》

GB/T 3799.1—2005《商用汽车发动机大修竣工出厂技术条件 第1部分：汽油发动机》

GB/T 3799.2—2005《商用汽车发动机大修竣工出厂技术条件 第2部分：柴油发动机》

GB 3847—2005《车用压燃式发动机和压燃式发动机汽车排气烟度排放限值及测量方法》

GB/T 5336—2005《大客车车身修理技术条件》

GB/T 15746—2011《汽车修理质量检查评定方法》

GB/T 18275.1—2000《汽车制动传动装置修理技术条件 气压制动》

GB/T 18275.2—2000《汽车制动传动装置修理技术条件 液压制动》

GB/T 18274—2000《汽车鼓式制动器修理技术条件》

GB/T 12534—1990《汽车道路试验方法通则》

2）行业标准：行业标准就是以前的部标准，是全国性各行业范围内的技术标准，由国务院有关行政主管部门制定，并报国务院标准化行政主管部门备案。在公布国家标准之后，该项行业标准即行废止。现行的有关汽车修理的行业标准有：

QC/T 484—1999《汽车 油漆涂层》

3）地方标准。地方标准是省、自治区、直辖市标准化行政主管部门对未颁布国家和部标准的产品或工程所颁布的标准。汽车维修地方标准，由各省、市、自治区标准化行政主管部门制定，并报国务院标准化行政主管部门和国务院有关行政主管部门备案。在公布国家标准或行业标准之后，该项地方标准即行废止。

4）企业标准。汽车维修企业在维修汽车时，若遇到没有国家标准、行业标准或地方标准能参照的情况，应该以该汽车的生产厂商提供的维修手册、使用说明书等相关技术资料为依据，制定企业标准，指导组织生产。企业标准须报当地政府标准化行政主管部门和有关行政主管部门备案。对已有国家标准或行业标准的，国家鼓励企业自行制定严于国家或行业标准的企业标准，在企业内部实施。

知识链接

汽车修理制度

汽车修理制度是一种技术性组织措施，它规定了修理的类别、送修标志和规定、作业内容、技术标准和技术规范等。汽车修理制度与汽车维护制度统称为汽车维修制度，是人们在长期的生产实践中认识的结果，随着生产和认识的进步，还会有所改进、有所变化。

1）事后修理。人们在使用汽车初期，由于缺乏认识和经验，常常在汽车出了故障和损坏以后，才对它进行必要的修理，也就是“事后”的非计划修理。随着汽车的大量使用，特别是汽车运输生产成为一种行业的情况下，为了保证汽车运行安全和正常的运输生产，人们设计了把维护和修理作业安排在预计出现故障和损坏之前，这就出现了计划修理制度。

2）定期修理。定期修理是指按规定的间隔期和等级进行的修理，定期修理制度在相当长一段时间里起过很积极的作用，现在国内外某些汽车运输企业、汽车维修企业及汽车制造企业仍在采用。但是，随着汽车设计制造和检测诊断技术的发展，定期修理制出现了新的矛盾，一方面现有的定期修理不适合于新型汽车；另一方面维修人员在实施修理前可以通过先进的检测诊断技术更准确地掌握汽车及总成技术状况，从而决定是否需要修理和怎样修理，这样可大大减少盲目修理，为既不拖延修理而造成汽车技术状况恶化，又不因提前修理而造成浪费，这就出现了视情修理制度。

3）视情修理。视情修理是按技术文件规定，对汽车技术状况进行诊断或检测后，决定修理内容和实施时间的修理。“视情修理”体现了以下基本实质：

① 改定性判断为定量判断，确定修理作业的方式由以车辆行驶里程为基础，改变为以车辆实际技术状况为基础。

② 使用高科技检测手段，送修车辆的检测诊断和技术评定，是实现视情修理的重要保证。

③ 体现了技术经济原则，避免了拖延修理造成车况恶化，也防止了提前修理造成的浪费。

近年来，汽车综合性能检测、诊断设备的普遍采用，为视情修理创造了客观条件，但最终落实“视情修理”，仍需依靠汽车运输、维修、检测企业认真执行相关管理规定和技术标准。

视情修理制度是计划定期修理制度的进步，是建立在汽车定期检测制度和汽车状态检测维护制度基础上的一种修理制度。只有在认真执行汽车检测、强制维护的基础上，才能达到视情修理的目的。

5.6 汽车维修质量控制

5.6.1 一次修复率的控制

1. 一次修复率指标

一次修复率＝1－当期返修台数/当期进厂台数

2. 一次修复率分析

一次修复率与传统的考核指标返修率中的返修台次是不一样的，有较大的差别。

传统的考核指标返修率对返修台次的定义为：在统计期内竣工出厂的车辆在一定里程内，由于维修工艺责任或因材料配件质量不合要求等原因回厂再次进行修理的台次数。从定义上看，引起返修的原因有：

1）维修工艺不合要求。

2）材料配件质量不合要求。

一次修复率中的返修包括维修工艺和材料配件质量不合要求，另外还包括：

1）配件缺货引起的返修：由于配件缺货或发运来的配件与规格、型号不符。

2）误诊断引起的返修：一些正常的问题，如轮胎噪声，由于不能准确地判断故障而让客户三番两次地进厂检修。

3）第二方案引起的返修：对一些偶发故障，由于没有确定的方案，临时采取一个方案让客户试试看，而导致客户返修。

通过一次修复率与传统的考核指标返修率中的返修台次的对比，可以发现一次修复率更能体现以客户满意为中心的思想。通过一次修复率的月份趋势曲线图，可以找出一次修复率降低的原因。

某企业上年度一次修复率统计表见表 5-3。

表 5-3　一次修复率统计表

月份	一次修复率/(%)	月份	一次修复率/(%)
1	98.7	7	98.5
2	98.5	8	98.0
3	98.1	9	97.8
4	98.1	10	98.8
5	99.1	11	98.9
6	98.6	12	98.5

一次修复率的月份趋势曲线图如图 5-4 所示。

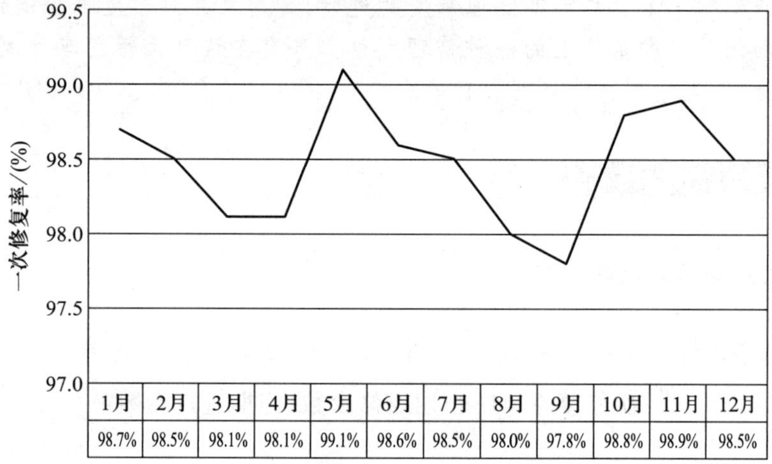

图 5-4　一次修复率的月份趋势曲线图

对年度返修台次进一步分析，在 258 台次的返修中，维修工艺责任 84 台次，占 32.55%；配件质量 66 台次，占 25.6%；配件缺货 76 台次，占 29.45%；其他 32 台次，占 12.4%。对维修工艺引起的返工进一步分析，维修工艺责任返工表见表 5-4。

表 5-4　维修工艺责任返工表

序号	项目	频次	频率/(%)	累计频率/(%)
1	调整不当	26	31	31
2	装配失误	23	27.3	58
3	紧固不当	19	22.6	81
4	作业漏项	11	13.1	94
5	其他	5	6	100
6	合计	84	100	100

维修工艺返工分析如图 5-5 所示。

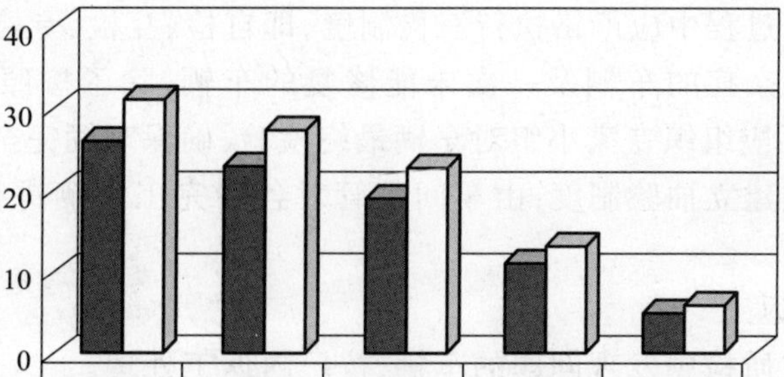

	调整	装配	紧固	作业	其他
频次	26	23	19	11	5
频率/(%)	31	27.3	22.6	13.1	6

图 5-5　维修工艺返工分析

3. 一次修复率的控制

一次修复率的控制应贯穿在整个维修过程中。

（1）接车

1）必须充分记录客户关心的问题重点与要求，业务接待员详细记录客户车辆问题是修复成功的第一步。

2）接车时业务接待员应详细询问用户车辆故障发生时的现象、车辆日常使用条件、故障发生频率及条件等重要信息，并作好相应记录。

（2）诊断

1）对于可重现的车辆故障，业务接待员应陪同客户实车检查，以便了解实际情况，分析故障原因，制定维修方案。

2）对于较难重现的故障或暂时难以准确判断的故障，业务接待员应查阅维修档案、维修技术资料，仔细分析可能的故障原因。对新问题、疑难杂症或暂时难以准确判断的故障，应组成专家小组共同会诊，分析故障原因，制定维修方案。

（3）维修

1）维修施工前维修人员应全面了解车辆故障信息（故障内容、故障发生的条件等）。

2）维修施工中。维修人员应严格按照维修技术规范完成维修工作。维修员工应重视维修的质量，树立质量第一的思想，争取在第一时间内将客户的车修好。维修中必须采用上下道工序互相检验的方式，如有多工种维修，在本人负责项目结束后，完成与下道工序的交接。维修工作应在预计时间内完成。不能用其他工具代替专用工具，以免造成车辆部件的变形或损坏。不能擅自改变技术资料规定的拆装顺序和拧紧力矩。在维修过程中发现维修方案有偏差或有其他的故障隐患，应及时和车间主管联系，以便及时纠正错误方案以及对未被发现的隐患进行及时修理。在完成每一步维修作业后，需对该维修部位进行检查。

（4）质检

1）在维修过程中应严格执行三检制度，即自检、互检、专检。

2）对疑难杂症的车辆及一次未能修复的车辆，除了按照正常的质检规范进行外，车间主管还应组织专家小组对车辆最终检验，确保车辆完全修复。

3）车间应建立抽验制度，由车间主管对各种完工车辆进行抽验，加强维修质量的监督。

（5）厂内返工

1）对于在质检中发现问题的车辆，按厂内返工处理。

2）返工车辆的维修要重新进入维修质检流程。

（6）返修

1）车间主管分析返修原因，区别属于何种问题，如配件、技术、生产质量或工作态度。

2）返修如属于非人为原因，优先安排原维修人员维修；如属于人为原因，则将此维修交给更高水平人员完成。

3）返修车辆应优先安排维修，完成后，经严格检查没有问题后方可交车。

4. 一次修复率控制的工作改进

1）返修车处理记录表应存档，内容包括：车辆信息、故障现象、故障原因、返修的原因、改进措施等。

2）厂长应定期与车间主管/技术主管共同分析返修原因及采取的对策。

3）车间主管应及时召集相关人员对未能一次修复的案例进行专项技术交流，逐步提高员工的维修技术水平和工作责任心，避免类似故障重复发生。

4）厂长应每月召集所有员工开会，讨论一次修复与准时完工的绩效、管理，返修及改善的措施。

5）设置一次修复率的月份趋势曲线图表，公告一次修复率情况。

6）车辆一次修复率应作为管理人员考核的重要依据，奖励维修质量优良的维修人员，处罚造成返修的员工。

案例 3

A 地一家一汽大众服务站在电话回访中发现一辆捷达车客户连续四次抱怨他的空调不好用。查阅返修记录中没有该车的情况，后经调查得知情况是这样的：

客户购置的捷达前卫轿车，行驶了 30000km。该车打开空调连续行驶一两小时后，出风口的冷风变成了自然风。这时关闭空调开关停两三分钟再打开空调，出风口又吹出冷风。维修人员曾检查过制冷系统压力、膨胀阀、干燥器等，但每次都没解决问题。

实际上此问题是由于空调低压管、蒸发器结霜引起的。此类捷达电喷车空调压缩机为可变排量压缩机，空调控制系统中无恒温开关。当打开空调，鼓风机开关在一档，内外循环开关打在内循环位置，车辆连续行驶一两小时后，可能会出现此故障。

出现此故障,客户可将鼓风机开关打在二档,内外循环开关打在外循环位置工作一会,就不会出现上述故障了。这样解释,大多数客户能接受,对小部分不能接受的客户,也可在蒸发器上加装恒温开关解决这一问题。后来应客户要求加装了恒温开关,问题解决。

在讨论该车应不应该计为返修车辆时,有人认为按传统考核指标,此类捷达2V电喷车有此问题,不应作为返修。因为它不是在统计期内竣工出厂的车辆在一定里程内由于维修工艺或因材料、配件质量不合要求等原因回厂再次进行修理的。也有人认为按照现代一次修复率的概念,此车辆应为返修,由于误诊断和没有合理的解释,而让客户三番两次地进厂检修,引起客户抱怨。讨论的结果是该车应计为返修,最后厂长决定,按照现代一次修复率的概念统计返修。

在年底的客户满意度统计时,企业管理者发现客户满意度比上年度提高了,而主要原因是由于误诊断和没有合理的解释等原因造成的二次进厂减少了。

5.6.2 汽车维修质量检查评定

汽车修理质量检查评定是对整车大修、发动机大修、车身大修竣工质量及其基本检验技术文件完善程度的综合评定。

1. 汽车修理质量检查评定标准

汽车修理质量检查评定标准:GB/T 15746—2011《汽车修理质量检查评定方法》。下面就以汽车整车大修为例说明修理质量评定的内容和办法。

2. 汽车整车大修质量评定

汽车整车大修质量评定是对汽车整车大修竣工质量和汽车大修基本检验技术文件完善程度的综合评价。

1) 汽车大修基本检验技术文件。是指在汽车大修过程中,为保证汽车修理质量,汽车修理企业所填制的必要的修理检验单证(简称:三单一证)。“三单一证”缺一不可,评定办法按表5-5 规定。

表 5-5 汽车整车大修基本检验技术文件的评定办法

序号	评定项目	评定技术要求	检查方法与手段	评定方法	备注
A1.1	汽车整车大修进厂检验单	(1) 汽车整车大修进厂检验单应包括下列内容:进厂编号、牌照号、厂牌、车型、底盘号、发动机型号及号码等、托修单位、送修车辆状态、里程表记录、托修方报修项目(对送修车技术状况的陈述及要求)、车辆装备情况、车辆整车性能试验记录、检验日期、承修方处理意见、检验员签字、承、托修双方代表签章等 (2) 单中字迹应清晰,项目应齐全、完整,填写真实、正确	查阅、核对	单据中各项有一处不符合要求,则计一项次不合格	

续表

序号	评定项目	评定技术要求	检查方法与手段	评定方法	备注
A1.2	汽车整车大修工艺过程检验单	(1) 汽车整车大修工艺过程检验单应包括:发动机及离合器修理工艺过程检验单;前桥及转向系修理工艺过程检验单;后桥修理工艺过程检验单;变速器及分动器修理工艺过程检验单;传动轴及万向节修理工艺过程检验单;车架悬架及车轮修理工艺过程检验单;车身修理工艺过程检验单;汽车电器、仪表和线路修理工艺过程检验单;汽车制动系修理工艺过程检验单 (2) 各修理工艺过程检验单应包括下列内容:进厂编号、厂牌、车型、各总成型号、号码、检验项目、检验结果记录、检验结论、处理意见、主修人及检验员签章及日期等 (3) 检验单中字迹应清晰,项目齐全、完整,填写真实、正确。检验项目、名词术语和计量单位应符合国家及行业有关标准及相关车辆修理技术文件的有关规定	查阅、核对	单据中各项有一处不符合要求,则计一项次不合格	
A1.3	汽车大修竣工检验单	(1) 汽车大修竣工检验单中内容应包括:进厂编号、托修单位、承修单位、牌照号、厂牌、车型、底盘号、发动机型号及号码、车辆装备状况、车辆改装改造状况、汽车修竣后技术状况、检验记录、检验结论、检验员签章及日期等 (2) 检验单中字迹应清晰,项目齐全、完整,填写真实、正确。检验项目、要求、方法、名词术语和计算单位应符合国家、行业有关标准及相关车辆修理技术文件的有关规定	查阅、核对	单据中各项有一处不符合要求,则计一项次不合格	
A1.4	汽车大修合格证	(1) 汽车大修合格证内容应包括:进厂编号、牌照号、厂牌、车型、底盘号、发动机型号及号码、维修合同号、出厂日期、总检验员签章及日期、承修单位质量检验部门盖章、走合期规定、保证期规定 (2) 合同中字迹应清晰,项目齐全、完整,填写真实、正确。合同中名词术语应符合国家及行业有关标准中的规定	查阅	单据中各项有一处不符合要求,则计一项次不合格	

① 汽车大修进厂检验单。大修汽车进厂时,由汽车维修检验技术人员对送修车技术状况和装备齐全状况进行技术鉴定的记录。

② 汽车大修工艺过程检验单。汽车在大修过程中,由汽车维修检验技术人员对总成和零部件按其修理工艺过程中工艺顺序所进行技术鉴定的记录。如表 5-6 所示为某地汽车维修行业管理规定使用的汽车大修过程检验单。

③ 汽车大修竣工检验单。汽车大修竣工后,由汽车维修检验技术人员对汽车的技术状况进行技术鉴定的记录。

表 5-6 汽车大修过程检验单

进厂编号		厂牌车型		牌照号码	
发动机号码		车辆号码		施工日期	
底盘部分	主要零、部件检修情况		装配检验(测)记录		
传动系	离合器 变速器(分动器) 方向传动装置 主传动器、差速器		原件修复或更换： 主要零件状况： 踏板自由行程： 齿轮啮合印痕： 齿轮啮合间隙：		
制动系	制动鼓 制动蹄 盘式制动		原件修复或更换： 主要零件状况：		
行驶系	车架、悬架、减振器、 前桥、后桥、轮毂、轮胎		原件修复或更换： 主要零件状况：		
备注：					

过程检验签字： 年 月 日

④ 汽车大修合格证。承修单位对大修竣工，经过技术鉴定并符合相应标准后的汽车所开具的质量凭证。全国将统一合格证的式样。汽车维修竣工出厂合格证由省级道路运输管理机构统一印制和编号，县级以上道路运输管理机构按照规定发放和管理。禁止任何单位和个人伪造、倒卖、转借汽车维修竣工出厂合格证。汽车维修竣工质量检验合格的，由质量检验人员签发汽车维修竣工出厂合格证；未签发汽车维修竣工出厂合格证的汽车不得交付使用。

2）汽车大修竣工质量。汽车整车大修竣工质量是汽车整修竣工后恢复其完好状况和寿命的程度。汽车大修竣工质量评定包括一般技术要求、主要性能要求、发动机运转状况、传动系工作状况。汽车整车大修竣工质量评定办法按表 5-7 规定。

表 5-7 汽车整车大修竣工质量评定办法

序号	评定项目	评定技术要求	检查方法与手段	评定方法	备注
B1.1	一般技术要求				
B1.1.1	驾驶室总成、客车车厢	形状正确、曲面圆顺、转角处无折皱；蒙皮平整，无松弛、机械损伤及突出物等	检视	其中有 3 处以上缺陷为不合格	
B1.1.2	涂漆质量				
B1.1.2.1	喷(烤)漆				

续表

序号	评定项目	评定技术要求	检查方法与手段	评定方法	备注
a	漆外观	喷(烤)漆颜色应协调均匀、光亮,且漆膜光泽度:客车不低于 90%、货车驾驶室不低于 85%,漆层无裂纹、剥落、起泡、流痕、皱纹等缺陷	用漆膜光泽测量仪 GB1743 测量及检视	光泽度不符合要求或存在 3 处以上缺陷者为不合格	
b	漆硬度	漆表面硬度应符合 QC/T 484—1999《汽车　油漆涂层》的规定	按 QC/T 484—1999《汽车　油漆涂层》规定检验	不符合规定为不合格	
B1.1.2.2	刷漆	刷漆部位不应有明显的流痕和刷纹;不刷漆部分不应有漆痕	检视	有 3 处以上缺陷为不合格	
B1.1.3	保险杠、翼子板	保险杠、翼子板安装应端正、牢固,不应有歪斜,应左右对称,离地高度差应不大于 10mm	检视,用钢板直尺(或钢卷尺)测量	不符合要求为不合格	
B1.1.4	驾驶室、货厢、客车厢	驾驶室及客车厢左右对称,离地高度差应不大于 10mm,货厢不大于 20mm。货厢边板、铰链应铰接牢固、启闭灵活。边板关闭后,缝隙不应超过 5mm	检视,用钢板直尺(或钢卷尺)测量	不符合要求为不合格	
B1.1.5	总成、零部件及附件装备				
a	总成、零部件	各总成及零部件应完好有效,安装应符合原厂规定	检视	不符合要求为不合格	
b	附件装备	各项附件装备应齐全、完好、有效	检视	有 1 项以上缺陷为不合格	
B1.1.6	座椅	座椅形状、尺寸、座位间距及调节装置应符合原设计或有关技术文件规定	检视	有 3 项以上缺陷为不合格	
B1.1.7	门窗及玻璃				
a	门窗	门窗应启闭灵活、闭合严密、锁止可靠、缝隙均匀不松旷	检视	不符合要求为不合格	

续表

序号	评定项目	评定技术要求	检查方法与手段	评定方法	备注
b	玻璃	门窗玻璃应采用安全玻璃;前挡风玻璃应采用夹层玻璃或部分区域钢化玻璃。其性能应符合国家及行业标准有关规定	检视	不符合要求为不合格	
B1.1.8	离合器、制动踏板、驻车制动拉杆				
a	踏板自由行程	踏板自由行程应符合原厂规定	用直尺测量	不符合规定为不合格	
b	制动器	采用液压制动的车辆,制动踏板在规定压力下保持 min,踏板不应有向下移动现象	用压力表、计时器和制动踏板力计检验	不符合要求为不合格	
c	驻车制动拉杆	驻车制动拉杆有效行程应符合原厂规定	检视	不符合规定为不合格	
B1.1.9	轮胎				
a	胎压	轮胎气压应符合原厂规定	用轮胎气压表测量	不符合规定为不合格	
b	轮胎规格型号及花纹	(1) 轿车轮胎胎冠上的花纹深度不得小于 1.6mm,其他车辆不得小于 3.2mm (2) 轮胎胎面不得暴露出轮胎帘布层 (3) 轮胎和胎壁上不得有长度超过 2.5cm、深度足以暴露出轮胎帘布层的破裂或割伤 (4) 同轴上装用的轮胎型号和花纹应相同 (5) 汽车转向轮不得装用翻新轮胎	用轮胎花纹深度尺测量及检视	不符合要求为不合格	
B1.1.10	车轮				
a	车轮圆跳动量	轿车不大于 5mm,其他车辆不大于 8mm	用直角尺或钢直尺测量	不符合要求为不合格	
b	车轮动不平衡量	动平衡量应符合有关规定	用车轮动平衡仪测量	不符合规定为不合格	
B1.1.11	转向机构	转向机构各连接部位不应有松旷现象,且锁止可靠	检视	不符合要求为不合格	
B1.1.12	电气设备和仪表				

续表

序号	评定项目	评定技术要求	检查方法与手段	评定方法	备注
a	照明及信号	照明及各种信号装置应齐全、有效、符合 GB 4785—2007《汽车及挂车外部照明和光信号装置的安装规定》中的有关规定	检视	不符合规定为不合格	
b	仪表	各种仪表应装备齐全、完好、有效	检视	不符合要求为不合格	
c	导线	各种线路布置应合理，接头牢固，导线包扎固定可靠，不应有裸露、破损、老化现象，线束通过孔洞时应有防护套且距排气管距离应不得小于 300mm	检视	有两处以上缺陷为不合格	
d	漏电	各部导线及电器元件不得有漏电现象	检视	不符合要求为不合格	
B1.1.13	整备质量	汽车整备质量及各轴负荷分配不得大于原设计的 3%	用汽车平衡或轮轴质量仪测量	超过 3% 为不合格	
B1.1.14	润滑				
a	装置（油嘴）	各部油嘴应安装正确、齐全、有效	检视	有 2 处缺陷为不合格	
b	油（脂）规格及添加量	润滑油（脂）规格质量及添加量应符合原车规定	检视	不符合规定为不合格	
B1.1.15	轴距	汽车左右轴距差应符合 GB/T 3798.1—2005《汽车大修竣工出厂技术条件　第 1 部分：载客汽车》和 GB/T 3798.2—2005《汽车大修竣工出厂技术条件　第 2 部分：载货汽车》或原设计的有关规定	检视	不符合要求为不合格	
B1.1.16	紧固件				
a	关键紧固件	扭紧力矩应符合原车规定，锁止可靠	检视	不符合规定为不合格	
b	一般紧固件	应牢固可靠，不得有松动、脱落、缺损现象	检视	有 3 处以上缺陷为不合格	
B1.1.17	铆接及焊接				
a	铆接件	铆接件的结合面应贴紧，铆钉应充满钉孔不松动，不得用螺栓代替，钉头不应有裂纹、歪斜、残缺现象	检视	有 3 处以上缺陷为不合格	

续表

序号	评定项目	评定技术要求	检查方法与手段	评定方法	备注
b	焊缝	焊缝应平整、光滑,不应有夹渣、裂纹等焊接缺陷	检视	有3处以上缺陷为不合格	
B1.2	主要性能要求				
B1.2.1	动力性			B1.2.1.1、B1.2.1.2只测其一即可	
B1.2.1.1	底盘输出功率	汽车底盘输出功率应符合有关规定要求	用底盘测功机测量	不符合规定为不合格	
B1.2.1.2	加速时间			用a、b之一即可	
a	台试	汽车的加速时间应符合台试有关规定	用底盘测功机测量	不符合要求为不合格	
b	路试	国产汽车的加速时间应符合GB/T 3798.1—2005《汽车大修竣工出厂技术条件 第1部分:载客汽车》和GB/T 3798.2—2005《汽车大修竣工出厂技术条件 第2部分:载货汽车》中的有关规定 进口汽车的加速时间应符合原设计要求	按GB/T 12543—2009《汽车加速性能试验方法》的规定测量	大于规定加速时间为不合格	
B1.2.2	经济性				
a	台试	汽车等速百公里油耗应符合有关规定	用底盘测功机、油耗计等仪器测量	不符合规定为不合格	
b	路试	国产汽车油耗应符合GB/T 3798.1—2005《汽车大修竣工出厂技术条件 第1部分:载客汽车》和GB/T 3798.2—2005《汽车大修竣工出厂技术条件 第2部分:载货汽车》中的有关规定。进口汽车油耗应不高于原车规定	按GB/T 12545.1—2008《汽车燃料消耗量试验方法 第1部分:乘用车燃料消耗量试验方法》的规定测量	不符合规定为不合格	
B1.2.3	滑行性能			B1.2.3.1、B1.2.3.2测量其一即可	
B1.2.3.1	滑行距离			采用a、b之一即可	

续表

序号	评定项目	评定技术要求	检查方法与手段	评定方法	备注
a	台试	汽车在台架上的滑行距离应符合有关规定	用底盘测功机测量	不符合规定为不合格	
b	路试	汽车空载以初速度 30km/h 摘档滑行应满足要求	用五轮仪按 GB/T 12536—1990《汽车滑行试验方法》中的规定测量	不符合要求为不合格	
B1.2.3.2	滑行阻力	汽车的滑行阻力应不超过汽车整备质量的 1.5%	在干燥平坦的沥青或混凝土路面上用拉力计测量滑行阻力。用汽车衡或轮轴质量仪测量汽车	不符合要求为不合格	
B1.2.4	转向操纵性				
B1.2.4.1	侧滑量	转向轮侧滑量不得超过 4m/km	用侧滑试验台测量	不符合要求为不合格	
B1.2.4.2	前轮定位	汽车车轮前束、主销内倾、主销后倾、车轮外倾应符合原设计规定	四轮定位测量	不符合规定为不合格	
B1.2.4.3	转弯直径	汽车最小转弯直径应符合原设计要求	按 GB/T 12540—2009《汽车最小转弯直径、最小转弯通道圆直径和外摆值测量方法》中的有关规定	不符合规定为不合格	
B1.2.4.4	转向盘转动性能	转向轮最大转角应符合原设计要求，转向盘自由转动量应符合 GB/T 3798.1—2005《汽车大修竣工出厂技术条件　第 1 部分：载客汽车》和 GB/T 3798.2—2005《汽车大修竣工出厂技术条件　第 2 部分：载货汽车》中的有关规定，且应转动灵活、操纵轻便、无阻滞现象	用转向盘转动测量仪测量及检视	不符合要求为不合格	

续表

序号	评定项目	评定技术要求	检查方法与手段	评定方法	备注
B1.2.4.5	转向盘操纵力	转向盘操纵力应符合 GB 7258—2012《机动车运行安全技术条件》中 3.6 条的规定	用转向盘转动测量仪按 GB 7258—2012《机动车运行安全技术条件》中 3.6 条的规定测量	不符合规定为不合格	
B1.2.5	制动性能				
B1.2.5.1	汽车行车制动性能			采用 a、b 之一即可	
a	路试	（1）汽车制动距离应符合 GB 7258—2012《机动车运行安全技术条件》中 4.13 条的有关规定 （2）汽车制动减速度应符合 GB 7258—2012《机动车运行安全技术条件》4.14 条的有关规定	用五轮仪、减速度仪、计时器、风速仪、钢卷尺等按 GB/T 12676—2014《商用车量和挂车制动系统技术要求及试验方法》规定测量	不符合规定为不合格 取其一即可	
b	台试	汽车行车制动器制动力应符合 GB 7258—2012《机动车运行安全技术条件》中 4.15 条的有关规定	用滚筒反力式汽车制动检验台和轮轴质量仪测量	不符合规定为不合格	
B1.2.5.2	汽车驻车制动性能			采用 a、b 之一即可	
a	路试	汽车空载在 20% 坡道上使用驻车制动，应能保持 5min 不溜滑		不符合要求为不合格	
b	台试	汽车驻车制动力总和应不低于汽车整备质量的 20%	用汽车衡或轮轴质量仪和滚筒反力式汽车制动力检验台测量	不符合要求为不合格	
B1.2.6	前照灯				
B1.2.6.1	发光强度	汽车前照灯发光强度应符合 GB 7258—2012《机动车运行安全技术条件》中 5.4.1 条的规定	用汽车前照灯检验仪测量	不符合规定为不合格	

续表

序号	评定项目	评定技术要求	检查方法与手段	评定方法	备注
B1.2.6.2	光轴位置	汽车前照灯光轴中心位置应符合 GB 7258—2012《机动车运行安全技术条件》中 5.3 条的规定	用汽车前照灯检验仪测量	不符合规定为不合格	
B1.2.7	车速表				
B1.2.7.1	车速表波动	汽车稳定运行时车速表指针不得有明显的上下摆动	检视	不符合要求为不合格	
B1.2.7.2	车速表指示误差	车速表指示误差应符合 GB 7258—2012《机动车运行安全技术条件》中 1.10 条的规定	用车速表检验台测量	不符合规定为不合格	
B1.2.8	排放、噪声				
B1.2.8.1	汽油车怠速污染物排放	汽油车怠速污染物排放应符合 GB 18285—2005《点燃式发动机汽车排气污染物排放限值及测量方法（双怠速法及简易工况法）》中的有关规定	用废气分析仪按 GB 18285—2005《点燃式发动机汽车排气污染物排放限值及测量方法（双怠速法及简易工况法）》中的有关规定测量	不符合规定为不合格	
B1.2.8.2	柴油车尾气排放	柴油车自由加速烟度排放应符合 GB 3847—2005《车用压燃式发动机和压燃式发动机汽车排气烟度排放限值及测量方法》中有关规定	烟度计按 GB 3847—2005《车用压燃式发动机和压燃式发动机汽车排气烟度排放限值及测量方法》测定	不符合规定为不合格	
B1.2.8.3	噪声				
a	车内噪声	汽车车内噪声应符合 GB/T 25982—2010《客车车内噪声限值及测量方法》的有关规定	用声级计按 GB/T 18697—2002《声学 汽车车内噪声测量方法》或 GB/T 25982—2010《客车车内噪声限值及测量方法》中的有关规定测量	不符合规定为不合格	

续表

序号	评定项目	评定技术要求	检查方法与手段	评定方法	备注
b	车外噪声	汽车车外噪声应符合 GB 1495—2002《汽车加速行驶车外噪声限值及测量方法》的有关规定	用声级计按 GB 1495—2002《汽车加速行驶车外噪声限值及测量方法》中的有关规定测量	不符合要求为不合格	
c	喇叭声级	汽车喇叭声级应不高于 105dB	用声级计按 GB 1495—2002《汽车加速行驶车外噪声限值及测量方法》中的有关规定测量	不符合要求为不合格	
B1.2.9	密封性				
B1.2.9.1	防雨密封性	客车防雨密封性限值应符合 QC/T 476—2007《客车防雨密封性限值及试验方法》中规定;货车门窗及防雨密封设施应齐全、完好、有效,不得有漏水现象	按 QC/T 476—2007《客车防雨密封性限值及试验方法》中的规定测量及检视	不符合要求为不合格	
B1.2.9.2	防尘密封性	货车防尘密封装置应完好、有效,不得有明显进尘现象		不符合要求为不合格	
B1.3	发动机运转		检视		
B1.3.1*	起动性能	发动机起动顺利,无异响		3 次以上起动不成功或有异响为不合格	
B1.3.2	发动机怠速运转	在正常工作温度下,发动机怠速运转应稳定,其转速应符合原设计规定,转速波动不大于 50r/min	用转速表、发动机综合测试仪检查	不符合要求为不合格	
B1.3.3*	发动机运转性能	发动机在各种转速下运转应平稳,改变转速时过渡圆滑;突然加速或减速时不得有突爆声;在正常工况下不得过热,无异响	检视	不符合要求为不合格	

续表

序号	评定项目	评定技术要求	检查方法与手段	评定方法	备注
B1.3.4	机油压力	发动机机油压力应符合原厂规定	检视	不符合规定为不合格	
B1.4	传动机构工作状况				
B1.4.1	离合器	离合器应接合平稳、分离彻底、操作轻便、工作可靠、无异响	检视	不符合要求为不合格	
B1.4.2	变速器	变速器换档轻便、准确可靠，无异响，正常工况下不得过热	点温计、检视	不符合要求为不合格	
B1.4.3	传动轴及中间轴承	传动轴及中间轴承工作正常，无松旷、异响，中间轴承不得过热	点温计、检视	不符合要求为不合格	
B1.4.4	差速器、减速器	差速器、减速器应工作正常、无异响，正常工况下不得过热	点温计、检视	有两处缺陷为不合格	

注：表中 * 为关键项。

3）汽车整车大修质量评定规则。汽车大修基本检验技术文件是参与评定的基本条件，缺一不可。汽车大修竣工质量评定是评定的基础项目，评定项目按其重要程度分为“关键项”和“一般项”。

汽车大修质量的评定采用综合项次合格率来衡量，分为优等、一等、合格、不合格四级。应符合表 5-8 规定。

表 5-8　汽车大修质量评定分级

等级	要求	
	关键项次合格率	综合项次合格率
优等	100%	大于 95%
一等	100%	85%～95%
合格	100%	70%～85%
不合格	<100%	<70%

5.6.3　质量保证期

汽车维修实行竣工出厂质量保证期制度。汽车维修质量保证期，从维修竣工出厂之日算起。质量保证期中行驶里程和日期指标，以先达到者为准。汽车维修企业应当公示承诺的汽车维修质量保证期，在承诺的质量保证期内，因维修质量原因造成汽车无法正常使用的，汽车维修企业应当及时无偿返修。

1. 商用汽车维修的质量保证期

商用汽车整车维修或者总成维修质量保证期为汽车行驶 18 000km 或 100 日；二级维护质量保证期为汽车行驶 5 000km 或者 30 日；一级维护、小修及零件维修质量保证期为汽车行驶2 000km 或者 10 日。

2. 乘用汽车维修的质量保证期

乘用汽车整车维修或者总成维修质量保证期为汽车行驶 20 000km 或者 120 日；二级维护质量保证期为汽车行驶 6 000km 或者 35 日；一级维护、小修及零件维修质量保证期为汽车行驶2 000km 或者 10 日。

3. 其他汽车维修的质量保证期

其他汽车整车维修或者总成维修质量保证期为汽车行驶 6000km 或者 60 日；维护、小修及零件维修质量保证期为汽车行驶 800km 或者 7 日。

5.6.4 质量投诉处理

1. 投诉处理规定

对维修质量投诉，在质量保证期内，承修方在 3 日内不能或者无法提供非维修原因而造成汽车无法使用的相关证据的，承修方负责无偿返修；对没有和托修方签订书面合同以及无法提供真实的维修记录的，由汽车维修企业承担全部责任；在质量保证期外，双方可按照相关证据，进行积极协商解决。

对汽车维修质量的责任认定需要进行技术分析和鉴定的，可通过道路运输管理机构组织专家组，或者委托具有法定检测资格的检测机构做出技术分析和鉴定。鉴定费用由责任方承担。

汽车维修质量纠纷双方当事人均有保护当事车辆原始状态的义务，必要时可拆检车辆有关部位，但当事双方应同时在场，一致证实拆检情况。如承修方拒绝派人拆检，托修方可向当地道路运输管理机构提出拆检申请。道路运输管理机构接到拆检申请后，应及时组织拆检，并记录有关情况。

2. 对问题的处理

预防为主。对于检查出来的问题要进行处理，对于还没有出现的问题但是存在质量隐患的，也要采取相应措施进行处理。

（1）纠正措施

企业应采取措施，以消除不合格的原因，防止不合格再次发生。纠正措施应与所遇到的不合格的影响程度相适应。编制形成文件的程序，以规定以下方面的要求。

1）评审不合格的性质。

2）确定不合格的原因。

3）找出确定不合格不再发生所需的措施。

4）确定和实施所需的措施。

5）记录所采取措施的结果。

6）评审所采取的纠正措施。

需采取纠正措施的问题可来源于以下方面：客户抱怨、不合格报告、内部审核报告、管理评审的结果、数据分析的结果、客户满意程度调查的结果、有关质量管理体系所形成的记录、企业内的人员、过程检查、自我评定的结果等。

（2）预防措施

企业应确定措施，以消除潜在不合格的原因，防止不合格的发生。预防措施应与潜在问题的影响程度相适应。

知识链接

工作效率分析与改进

1. 指标

出勤率：

出勤率=出勤工时/总工作工时（付薪工时）×100%

劳动利用率：

劳动利用率=实际生产性工时/出勤工时×100%

其中：实际生产性工时为实际维修工作花费的生产性工时。

工作效率：

工作效率=标准工作工时/实际生产性工时

标准工作工时由行业管理部门或企业制定，标准工作工时应尽量核算准确。

2. 提高劳动利用率

保证尽可能高的劳动利用率是企业管理人员最重要的任务之一。劳动利用率低，导致车间的人员和设备往往得不到完全利用，非生产性工时数量太高。劳动利用率低的原因和改进措施有：

（1）货源少导致车间劳动利用率低

可采取以下措施增加货源：

1）通过赢得新的客户来检查和改善每日车间订单的数量。

2）客观地审视维修的性能价格比是否合理，这其中包括维修质量、对客户的友善程度、乐于助人、服务项目的多样性、工时费率。

3）扩展服务项目，如：快修服务、上门取车、送车服务、提供备用车辆等。

4）调整营业时间使其尽可能地符合客户的要求，并为此做宣传。

5）通过广告定期向人们提醒您的服务。

6）以固定价格定期向客户提供特别服务/季节性服务项目。

7）向客户提供质量承诺。

8）改善车间的形象。

9）认真听取客户的负面意见和投诉。

10）始终如一地实施电话回访。

（2）派工不合理导致车间劳动利用率低

可采取以下措施：

1）合理派工。

2）实行预约服务。

（3）返工过多

可采取以下措施：

1）加强维修三检制度。

2）由有经验的维修技师进行作业指导。

3. 提高工作效率

劳动利用率本身只不过表明你在多大程度上从事了生产性工作。而他们到底做了些什么，只有通过考察工作效率才能知道。工作效率表明了生产性员工工作时间有效利用的程度如何，规定时间是否得到了遵守。

如果工作效率低于100%，说明实际使用的生产性工时比标准工时要多。这就导致了收入减少。此时应仔细查找原因，并采取相应的措施。

1）维修工单填写不清楚，出现反复性的工作。这要求在填写工单时一定要明确所要进行的维修工作。

2）进行了维修但没有收钱。主要原因是增加的维修项目没有得到客户认可，这要求保证增加的维修项目得到客户认可，车间领班和业务接待员应当为此达成明确的约定。

3）员工技术水平差。可采取以下措施：

① 采取必要的培训措施。

② 发扬团队精神。

4）没有工作指导或指导不够。

5）设备或专用工具缺少或保养不良。可采取以下措施：

① 配备必需的设备或专用工具。

② 将设备或专用工具放在容易取到的地方。

③ 加强设备日常保养，使其始终处于良好状态。

6）等待配件时间长。可采取以下措施：

① 缩短配件出库的等待时间。

② 组织协调好缺乏配件的供应。

7）员工缺乏积极性。可采取以下措施：

① 建立有效的激励机制。

② 关心员工，形成良好的企业氛围。

案例4

某维修企业最近发现随着私家车的增多，客户周六、周日来维修的逐渐增多，而周三至周五的维修量却在下降。企业原来周六、周日休息，只留30%人员值班，这样周三至周五维修人员闲置时间过长，造成劳动利用率降低。而周六、周日客户等待时间长，引起客户抱怨，甚至有些客户流失。针对此情况，企业重新调整了工作时间，从周三至周日维修人员轮休。这样企业劳动利用率大大提高，客户满意度也有了较大提高。

思考与研讨

主要内容：

1. 创新研讨维修企业生产运作管理的主要内容。
2. 正确描述车辆维修企业的前台服务过程和后台生产过程内容。
3. 简单叙述车辆维修企业的计划管理、客户管理、信息管理和业务开发等基本要求。
4. 简单画出汽车维护工艺流程图。
5. 简单画出汽车维修工艺流程图。

分组讨论：每组计划1个方案，分别展示并分析。

单元 6　交车服务

学习目标

知识目标

1. 熟悉 4S 店维修交车服务流程。
2. 掌握交车服务前的准备工作及交车服务过程的主要事项。
3. 熟悉维修企业的财务结算项目及收入计算。

能力目标

1. 掌握交车服务的流程，能接待客户进行交车服务。
2. 能对客户进行维修费用的适当解释。
3. 能进行简单的利润计算。

6.1　交车流程

汽车维修业务交车流程如图 6-1 所示。

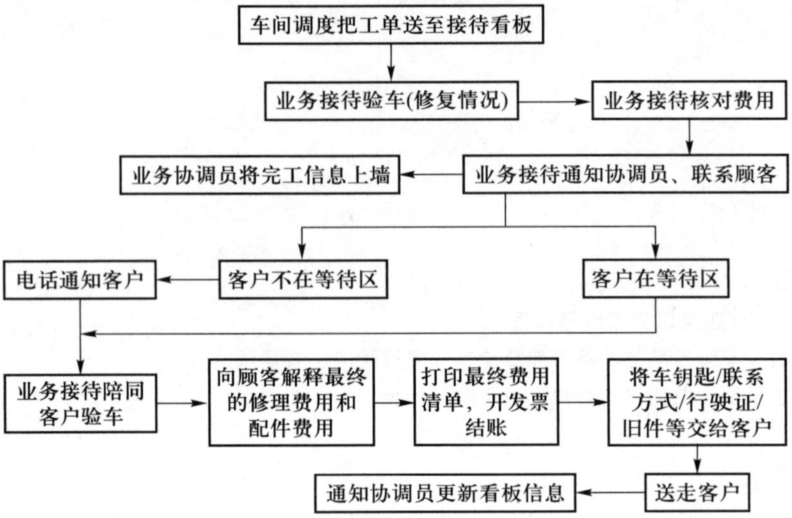

图 6-1　交车流程图

知识链接

业务接待礼仪规范

1）仪表端庄、整洁。具体要求是：

① 按季节统一着装，整齐、清洁、得体、大方。

② 衬衫平整干净，领子与袖口不污秽。

③ 穿西服应佩戴领带，并注意西服与领带颜色相配。领带不得肮脏、破损或歪斜松弛。

④ 胸卡佩戴在左胸位置，卡面整洁、清晰。

⑤ 纽扣。穿西服可以不扣纽扣，如果扣，正确的扣法是只扣上边一粒，下边则不扣。

⑥ 口袋。胸部口袋只是装饰，不能装东西，如遇隆重场合，仅可装作为胸饰的小花等。其他口袋也不可装许多东西，如果外观鼓鼓囊囊很不雅观。

⑦ 皮鞋。穿深色皮鞋，每日擦亮，不穿破损、带钉和异形的鞋。

⑧ 工作期间不宜穿大衣或过分臃肿的服装。

⑨ 女性业务接待员服装淡雅得体，不得过分华丽。

2）仪容洁净、自然，不过分修饰。具体要求是：

① 头发。要经常清洗，保持清洁，发型普通，不染彩发。男性业务接待员不留长发，女性业务接待员不留披肩发。

② 面部清洁。男性业务接待员不留胡须，并经常剃须。女性业务接待员要化淡妆，不能浓妆艳抹，不用香味浓烈的香水。

③ 指甲。指甲不能太长，并经常注意修剪。女性业务接待员不留长指甲，不做美甲、不涂有色指甲油。

④ 口腔。口腔保持清洁，上班前不喝酒、不吃有异味食品。

3）仪态包括站、坐、行。具体要求是：

① 站姿。上身挺拔，收腹，双目平视，双臂自然，不耸肩。男性业务接待员站立双脚可齐肩宽分开，双臂自然下垂或交叉背后。女性业务接待员双脚后跟并拢，脚尖分开约45°，亦可用小丁字步，即一脚稍微向前，脚跟靠在另一脚内侧。双手在体前交叉互握。

② 坐姿。上身挺拔、端正、收腹，坐椅子三分之二，双目平视。男性业务接待员双腿可齐肩宽分开。女性业务接待员双腿并拢。不得把腿向前或向后伸，更不可翘“二郎腿”。须移动座椅位置时，应先把座椅移动后放好，然后再坐。

③ 行姿。

a. 头正。双目平视，收颌，表情自然平和。

b. 肩平。两肩平稳，双臂自然在体侧摆动。

c. 躯挺。上身挺直，收腹立腰，重心稍前倾。

d. 目光。目光自然，不可左顾右盼。

e. 行进。步幅适当，步速平稳，不得忽快忽慢、低头驼背、摇头晃肩或双臂大甩。

f. 引导步。引导步是用于走在前边给客人带路的步态。引导时要尽可能走在客人左侧前方，整个身体半转向客人方向，保持两步的距离。遇到上下楼梯、拐弯、进门时，要伸左手示意，并提示请客人上楼、进门等。

g. 后退步。与客人告别时，应当先后退两三步，再转身离去，退步时脚轻擦地面，步幅要小，先转身后转头。

6.2 交车准备

1. 交车前的检查

交车前的最后检查是维修业务接待中的重要环节。不仅可以改善工作质量，还会直接影响到客户满意程度。由车间主任或技术总监负责的最后检查，可保证质量控制获得更佳效果，作为维修业务接待人员，一定要充分了解最后检查的方法和项目，确定最后检查已经实施。万一发生返修的情况，维修业务接待人员还要考虑补救措施。

2. 交车前准备

1）提早两小时检查作业进度，做到心中有数。

确保能够按时交车。如果发生其他情况，及时与客户联系。做好解释。一般情况下保证按时交车。

2）将车辆内外清理干净（一般由清洁中心处理）。

交付客户一辆洁净的车辆非常重要，尤其是一些小细节，有时能体现维修企业的整体形象。如倒掉烟灰盒里的烟灰等。虽然汽车外观的保养占用的时间很少，却能起到事半功倍的效果。

客户可以清晰地感到你对他的汽车进行了清洁处理，能够感觉到你对他的车是负责任的。第一眼印象往往是最重要的，是使人念念不忘的印象。正是那些举手之劳，常常会在很大程度上增加客户的满意度。

对维修过的部位进行清洁检查，应保证无油污，并确保无意外损伤即在维修时造成的无意识的损伤。

3）礼仪性地将倒车镜、座椅、音响等恢复原位。

4）检查交车时间、费用、实际维修项目是否与维修单上的项目相符。

检查交车时间是否与约定的时间相符。

检查维修费用与维修单上的估价的差异。如超出估计费用，则查明原因。

检查维修项目是否与维修单上的项目一致。为什么？如果有更改项目，查找原因并说明为什么。做到心中有数，并及时与客户联系，做好解释工作。

如果有增加项目，说明原因并注意维修费用的变更与否。

5）对照修理单，进行车上检查，核查完工项目。

逐项检查维修单上的项目是否已全部完成，确保所有数据均已载入修理单，确认所有费用均已列在客户账单上。

确认完成的作业项目符合客户的要求，将出厂返修率减至最低。

6）填写作业项目说明并开列相应账单。

为客户写好作业项目说明，确保书面说明易为客户所接受。

7）核算。

业务接待员审验完维修单后，确认无误，做相应的记录，将维修单送交收款员进行核算。

收款员检查维修单、材料单和其他凭证（例如外部维修加工单等）是否齐全，检查出库的材料是否与订单要求的维修范围一致，并将额定项目进行核对、核算。

8）列出建议下次维修的项目。

建议写明维修的项目、时间、危害性或危险程度。以及对车辆性能及寿命的影响。

6.3 交车服务流程

1. 带领客户验车

在客户取车的时候,原来接车的业务接待员应尽可能亲自带领客户看一下维修完毕的车辆,尽可能地使客户每次取车的经历都变成一次积极的体验,要使客户感觉到他的汽车现在又完全正常了,并使他确信选择这家维修厂进行车辆维修的决定是正确的,在此过程中,并尽可能说明免费为客户进行的项目。说明维修的难度,更换的大部件或小零件。如果有增加项目或减少项目应做详细的解释。说明变更项目的必要性,对车辆寿命及性能的影响、好处。总之要体现出是站在客户的角度为车辆及用户着想,这一环节必须细致周到。充分体现客户第一的理念。

例如:

手制动器行程太大了,可能导致手制动器失效,我们已给您调整了。

空调的排水管堵塞了,我们已疏通好了。若不疏通,再有一两天水就会流入驾驶室地板。

也可当面展示给客户的一点额外关怀。

例如:

给吱吱作响的车门铰链加油润滑。

调整玻璃清洗液喷嘴角度。

2. 带领客户审验维修项目

带领客户按照维修单审验维修项目,确认所有要求已满足。审验维修项目的过程中,积极向客户解释维修的过程,此时带上损坏的零件来帮助进行说明,能对客户的信任产生积极影响。这样也可以避免客户认为您提供的服务过于昂贵。

3. 提醒客户

提醒客户维修过程中发现但未排除的故障。如果可能,给出报价,一定要说明是大约报价,具体价格要和核算员进行核算。让客户感觉到价格不是随意定的,有严格的核算办法及定额规定等。

如果发现故障涉及安全性问题,应向客户解释未排除故障的危害。但不能让客户感觉到是拉生产任务,主要是为客户着想。对于必须修理但用户未同意修理的项目要请用户签字。

例如:

您爱车的制动摩擦片只剩下 4 mm,大约只能行驶六七千公里,一定记住及时更换,否则制动效果会降低,也能造成制动盘磨损。

您爱车的防冻液浓度可在零下 10℃ 的环境中使用,若到更冷的地方建议更换。

您爱车的发动机曲轴前油封漏油严重,建议更换,否则缺少机油,会造成发动机损伤。

您爱车的轮胎已超过了使用极限,在冰雪雨雾天气或在山路行驶易打滑,应特别注意,建议尽快更换。

4. 提示

向客户提示当前的服务项目。

提示新推出的项目。

提示下次保养日期。如果可能,进行约定,并进行记录,以便到时进行提醒预约。

5. 向客户提出关怀性的建议

例如:

轮胎气压不足会增加燃油消耗,因此您应经常检查胎压。

您后备厢内装了两箱矿泉水,额外的重量会使燃油消耗增加,若减少这些重量,估计百公里油耗会减少 1 升。

清洗液喷嘴被车蜡堵住了,清洗液喷不出来,我们已将车蜡清除了,以后打蜡时要多注意。

只有业务接待员亲自将车辆交给客户,良好的服务才算画上了圆满的句号。同时,这将再次向客户明确本维修企业的维修服务能力。

6. 告知一点额外的服务

按照客户要求完成维修后,接车员就基本完成了工作,但是还可以多做一点,使客户对维修业务接待员的体贴产生深刻印象。这不会增加任何费用,但的确能够增加客户的好感。

在你的工作过程中,可能感觉到客户未察觉的问题。你作为维修业务接待人员所提的一些专业建议,有可能防止一些故障重新发生,通常在交付车辆时可以口头通知或以信息卡的形式提出这些建议,例如:

发现离合器盘过早磨损,则建议客户开车时,不要将脚放在离合器踏板上,使半联动的时间加长,从而加速离合器磨损。

消声器的螺栓松了,我们已经帮您拧紧了。

驻车制动器的操纵杆行程太大,这可能导致驻车制动器失灵,我们已经调整了。

四个轮胎的胎压都太高,这会加速轮胎磨损,所以我们已经调整至标准值了。

您的备胎气压只有 60 kPa,我们已增加到了 200 kPa,以确保随时能用。

保险丝盒里没有备用的保险丝了,建议买几条备用。

加速/制动/离合器踏板橡皮已经磨光了,建议更换,否则雨天可能打滑。

换挡杆防尘套已经破裂,车内噪声会由此传入,换上新的会安静得多。

千斤顶松了,在行李箱内晃荡作响,我们已经将其放入固定夹中。

发动机罩不能平顺开关,我们已给发动机罩的铰链加了润滑油。

7. 一点劝告

对于客户拒绝维修的工作,按内部相关规定解释清楚其危害,对涉及行车安全的内容在必要时与客户签订有关的协议,说明责任自负。

8. 新车服务营销

进行服务营销,告诉最近的销售服务活动,如有新车销售活动,告诉客户新车的情况、性能、特点等。

6.4 财务结算

6.4.1 结算

1. 同城结算与异地结算

国内转账结算按交易双方所处的地理位置分为同城结算与异地结算两种。

1)同城结算,是指同一城镇内各单位之间发生经济往来而要求办理的转账结算。同城结算有支票结算、委托付款结算、托收无承付结算和同城托收承付结算等。其中支票结算是最常用的同城结算。

2)异地结算,是指异地各单位之间发生经济往来而要求办理的转账结算。异地结算基本方式有异地托收承付结算、信用证结算、委托收款结算、汇兑结算、银行汇票结算、商业汇票结算、银行本票结算和异地限额结算等。其中,异地托收承付结算、银行汇票结算、商业汇票结算、银行本票结算和汇兑结算是最常用的异地结算手段。

2. 现金结算与转账结算

货币结算按其支付方式的不同,可分为现金结算和转账结算。

1)现金结算,是发生经济行为的关系人直接使用现金结清应收应付款的行为。

2)转账现金,是发生经济行为的关系人使用银行规定的票据和结算凭证,通过银行划账方式,将款项从付款单位账户划到收款单位的账户,以结清债权债务的行为。转账结算是货币结算的主要方式。转账结算的主要信用工具有:支票、汇兑、委托收款、银行汇票、商业汇票、银行本票和信用卡共 7 种。支票结算是最常用的同城结算方式。

3. 支票结算流程

1)开立账户办理结算。

2)付款人根据商品交易、劳务供应或其他经济往来向收款人签发支票。

3)收款人将商品发运给付款人,或向付款人提供劳务服务。有时,根据实际情况,收款人在未接到支票的情况下,先提供商品或劳务服务,后收取支票。

4)收款人将支票送交开户银行入账。

5）收款人开户银行向付款人开户银行提出清算。

6）付款人开户银行根据有关规定计划转货款或劳务服务款。

7）收款人开户银行给收款人收妥款项后，通知收款人入账。

8）付款人与开户银行定期对账。

6.4.2 收入、费用、利润

1. 收入

收入包括主营业务收入和其他业务收入。收入不包括为第三方或者客户代收的款项。收入能导致所有者权益的增加；收入扣除相关成本与费用后，则可能增加所有者权益，也可能减少所有者权益。收入只包括本企业经济利益的流入，而不包括为第三方或客户代收的款项，如增值税、代收利息等。

（1）收入确认条件

如同时符合以下 4 个条件，即确认为收入：

1）企业已将商品所有权上的主要风险和报酬转移给购货方。这里的风险主要是指商品由于贬值、损坏、报废等造成的损失；这里的报酬则是指商品中包含的未来经济利益，包括商品因升值等给企业带来的经济利益。

2）企业既没有保留通常与所有权相联系的继续管理权，也没有对已售出的商品实施控制。

3）与交易相关的经济利益能够流入企业。销售商品的货款能否有把握回收，是收入确认的一个重要条件，企业在销售商品时，如估计货款回收的可能性不大，即使收入确认的其他条件均已满足，也不应当确认收入。

4）相关的收入和成本能够可靠的计量。收入能否可靠的计量，是确认收入的基本前提，收入不能可靠计量，则无法确认收入，企业在销售商品时，售价通常已经确定，但销售过程中由于某些不确定因素，也有可能出现售价变动的情况，在新的售价未确定前，则不应确认收入。

根据收入和费用配比原则，与同一项销售有关的收入和成本应在同一会计期间予以确认，因此，如果成本不能可靠计量，相关的收入就不能确认。这时，若已收到货款，则收到的货款应确认为一项负债。

企业销售的商品只有同时满足上述 4 个条件，才能确认收入。

（2）销售收入的计量

销售收入的金额应根据企业与购货方签订的合同或协议金额确定。无合同或协议的，应根据购销双方都能同意或接受的价格确定，但不包括企业为第三方或客户收取的一些款项。

2. 费用

（1）费用的特点

费用是企业为销售商品、提供劳务等日常活动所发生的经济利益的流出。其特点是：

1）费用最终会导致企业资源的减少。

2）费用最终会减少企业的所有者权益。一般而言，企业的所有者权益会随着收入的增长而增加；相反，费用的增加会减少企业的所有者权益。

（2）费用的种类

在制造类企业中，费用按照经济用途的不同，首先分为应计入产品成本的费用和不应计产品成本的费用两类。在此基础上，对应计入产品成本的费用，需进一步分为生产经营成本；对不应计产品成本的费用，需进一步分为期间费用。

1）生产经营成本。生产经营成本是指为生产产品和提供劳务所发生的各项费用，包括直接材料费、直接人工费和其他各项制造费用。

① 直接材料费，是指直接用于产品生产、构成产品实体的原料费及主要材料、外购半成品费，有助于产品形成的辅助材料及其他材料费。

② 直接人工费，是指直接参加产品生产的生产工人工资及提取的福利费。

③ 制造费用，是指企业各生产单位为组织和管理生产所发生的各项间接费用。

2）期间费用。期间费用是指企业当期发生的，必须从当期收入中得到补偿的费用。包括管理费用、财务费用和营业费用。

① 管理费用，是指企业行政管理部门为管理和组织生产经营活动所发生的费用。

② 财务费用，是指企业为筹集资金而发生的费用。

③ 营业费用，是指企业在销售商品、产品或提供劳务过程中发生的各项费用。

3. 利润

（1）利润的特点

利润是企业在一定会计期内实现的收入减去费用后的净额，它包括营业利润、利润总额和净利润。利润有如下特点：

1）利润代表企业能用货币表现的、最终的和综合的经营成果。

2）利润的金额是通过收入减去费用之后的余额来确定的。

3）利润的许多特点都体现在收入和费用两个要素上。

（2）营业利润

营业利润是企业利润的主要来源，它主要包括主营业务利润和其他业务利润。计算公式如下：

营业利润=主营业务利润+其他业务利润-营业费用-管理费用-财务费用

主营业务利润=主营业务收入-主营业务成本-主营业务税金及附加

其他业务利润=其他业务收入-其他业务支出

（3）利润总额

企业的利润总额一般包括营业利润、投资净收益和营业外收支净额三部分。如果企业能够按规定获取补贴收入，则也应作为当期的利润总额的组成部分。计算公式如下：

利润总额=营业利润+投资收益+补贴收入+营业外收入-营业外支出

（4）净利润

净利润是指企业的税后利润。计算公式如下：

净利润=利润总额-所得税

知识链接

经营分析

作为企业经营管理者，应知道如下几个问题：

企业的生产是增产增销还是减产少销？原因在哪里？

企业有多少资金？资金从哪里来？用在哪里？用得是否合理有效？

企业资金总感觉不够用，资金使用效果不好的原因在哪里？

产品成本是多少？成本升高了还是降低了？成本升降的原因是什么？

企业实现了多少利润？利润增加或减少的原因有哪些？

这些问题要求企业管理者根据财务报表，结合市场现状进行经营分析。整个经营分析工作由几个有机联系的步骤构成，即：对比找出差距，研究查明原因，计算因素影响，总结提高建议。

1. 对比找出差距

“对比”就是将实际达到的结果同某一标准相比较。在实践中作为对比标准的主要有以下 3 种：

1）同预定目标、计划或定额相比。

2）同上期或历史最高水平相比。

3）同国内外先进水平相比。

在运用对比找差距方法时，必须注意经济现象或经济指标的可比性。即被比较的现象或指标，必须符合以下 3 个条件：

1）性质上同类。例如，比较企业的资金占用水平就必须在相同类型的生产企业间进行。

2）范围上一致。例如，比较不同时期的变动费用，那么两个时期的变动费用所包括的范围就应该基本上一致，否则就不可比了。

3）时间上相同。就是说，相比较的经济现象或指标，应当是相同时间长度的结果。例如，都采用年度资料或都采用月份或季度资料。

2. 研究查明原因

在对比找差距的基础上，研究查明差距（或差异）产生的原因，是分析工作的重要一步。

每项经营活动的结果，可能是由很多的原因造成的，或者说会受到多种因素的影响。这些原因或因素有些是密切联系的，也有的可以用一定的经济指标来反映，因而有可能通过经济指标之间的关系来进行分析。例如，材料消耗量的多少，是决定产品成本升降的原因，或者说是影响产品成本的因素，通过材料消耗量的变化，就可以分析它对产品成本的影响。又如,劳动生产率的高低是决定产量多少的原因,或者说是影响产量的因素,由此也就是可以通过劳动生产率的变化,分析它对产量的影响。对某一经济指标发生影响的因素存在于客观事物本身之中,在分析中需要熟悉经济现象或经济指标的性质,了解经济指标的构成内容,以便借助于逻辑判断,确定影响的因素。

3. 计算因素影响

计算因素影响,就是对影响经济指标的因素或原因,计算它们的变动对经济指标的具体影响,即明确的作用方向(有利或不利)和影响程度的大小。根据因素影响的方向和程度,就可在进行决策和制定措施中,抓住主要矛盾,有重点地解决问题。

4. 总结提出建议

分析企业的经营活动,要以改善企业经营管理、取得最佳经济效果为目的。因此,还要根据分析的结果,总结企业的工作,提出改善企业经营管理的好建议,提供给企业的领导层作为决策的参考,以充分挖掘企业的潜力,不断提高企业经营的经济效益。

根据经营活动分析的结果总结企业的工作,可使经营者掌握了解经营状况,对工作成绩和问题的评价更为准确,经济责任更为清楚,提出的工作改进方案和经营决策更加有效,对今后努力的方向更为明确。

根据分析的资料,总结企业的工作,应当本着实事求是的态度,既要肯定成绩,又要指出问题,同时还要指出解决问题的建设性意见,要着眼于帮助企业改善经营管理,挖掘企业的内部潜力,以提高经济效益。

思考与研讨

研讨主题:

1. 叙述交车服务前的准备工作及交车服务过程的主要事项。
2. 简单列出维修企业的财务结算项目,利润计算方法。
3. 能对客户进行维修费用的适当解释。
4. 交车过程中应注意哪些事项。

形式:分组进行交车演练,其他小组提出改进思路,创新思维。

单元 7 跟踪服务

学习目标

知识目标

1. 简单叙述汽车维修企业跟踪服务流程。
2. 正确描述车辆维修企业的跟踪服务规范。
3. 简单叙述车辆维修企业的跟踪服务基本要求。

能力目标

1. 能对车辆维修企业的跟踪服务项目进行分析。
2. 会处理跟踪服务的问题，并找出问题的原因。

7.1 后续跟踪流程

跟踪服务流程如图 7-1 所示。

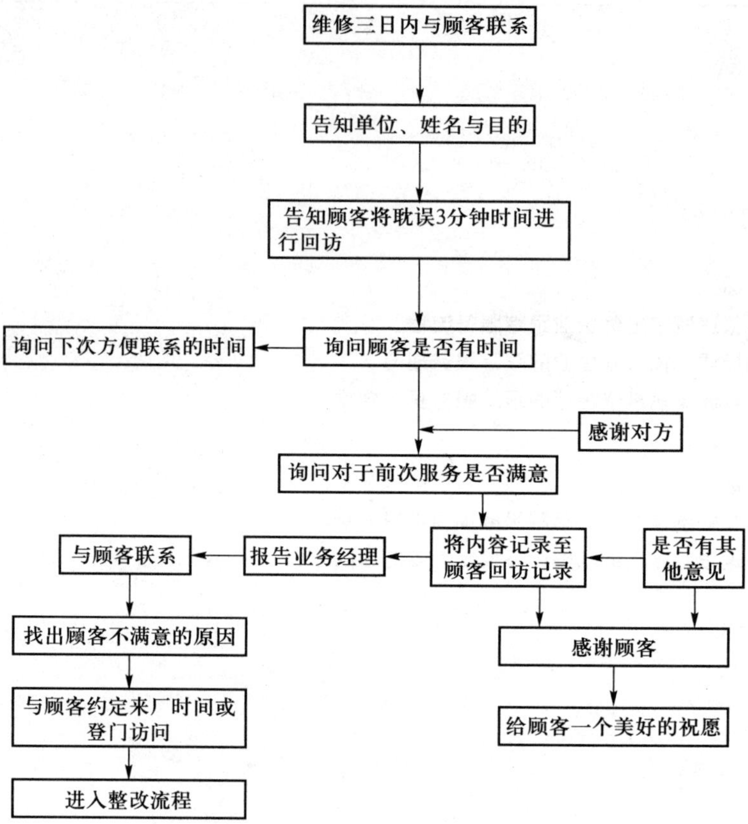

图 7-1 维修跟踪服务流程

知识链接

服务规范

1）跟踪可通过电话或信件进行，一般通过电话进行。通过电话回访询问客户对维修工作的满意程度，应在客户取车之后 1 到 3 天进行。电话回访这种形式是一种行之有效的跟踪服务手段。

2）及时将跟踪结果向维修经理汇报，维修经理与客户联系，属服务质量问题的将车开回进行维修，属服务态度问题的向客户表示歉意，直至客户满意，这样从预约开始到跟踪结束，形成一个闭环。

7.2 回访客户

7.2.1 回访准备

1. 跟踪服务的好处

表达对客户惠顾的感谢,促进客户信任度;确保客户对维修满意,对不满意的采取措施解决问题,保证客户满意;将跟踪结果反馈给业务接待员、维修经理、车间主任等,找出改进工作的措施,以利今后工作。

2. 跟踪的目的

回访客户的目的是征求客户满意程度,表达感谢之意;另外转达企业领导关心之情。同时提高企业自身形象,培养忠实客户的群体;及时掌握客户不满意的情况,并能及时处理、沟通,消除分歧,赢得理解;对出现的问题及时整改,避免由此造成的客户的失望和流失,及时挽回企业的声誉;加强与客户间的感情联络,让客户感觉你为他负责到底;搜集信息,调整经营策略,使服务更加贴近市场、贴近客户。

3. 准备

准备电话跟踪登记表(如表 7-1)、电话跟踪处理日报表(如表 7-2)。充分了解车主的档案信息。如车主的职业,职务,爱好,购车的目的,车使用、行驶里程,保养、维修情况,车辆维修的档案,维修的故障记录,本次维修的故障现象以及本次维修时出现的问题,与客户沟通情况,了解车辆的相关信息。

表 7-1 电话跟踪登记表

ASC 名称________ 日期:________

回访日期	出厂日期	车牌	车主	电话	里程数	维修保养项目	满意度			不满意项目						处理方案	目前状态	备注
							很好	较好	一般	服务态度	维修质量	维修价格	维修时间	配件质量	配件供应			

表7-2 电话跟踪处理日报表

ASC名称________ 日期:________

回访日期	出厂日期	车牌	车主	电话	里程数	维修保养项目	发生的质量问题	处理方案	内部改进措施	负责人	目前状态	备注

7.2.2 电话回访

1. 电话回访注意事项

跟踪服务包括三部分:及时进行电话跟踪,定时进行电话跟踪,定期进行上门访问。

及时进行电话跟踪:在客户取车后3个工作日内对客户进行跟踪,确认客户对修车的满意度。若存在某些令人不满意的地方,必须马上纠正,并将信息及时反馈给维修车间,使用标准登记格式,建立客户档案卡,便于跟踪服务。

定时进行电话跟踪:使用维修档案,提醒客户定期保养车辆,并做好详细记录。一般应提前三周进行首次通知,并在日期将至时再次通知。

定期进行上门访问:定期由客户服务经理带队,选择一定比例的客户进行上门访问。

准确、迅速地传递信息,是提供优质服务的第一步。真诚、愉快的电话交谈是促进与客户关系的重要因素。言简意赅的电话交谈可为客户与修理厂双方节省金钱和时间。你在电话中与客户交流的质量与水平是客户评价你们公司的一个重要因素。

及时将跟踪结果向维修经理汇报,维修经理与客户联系,属服务质量问题的将车开回进行维修,属服务态度问题的向客户表示歉意,直至客户满意,这样从预约开始到跟踪结束,形成一个闭环。

电话跟踪服务注意事项:

1) 打电话时为避免用户觉得他的车辆有问题,建议使用标准语言及标准语言顺序,发音要自然、友善。

2) 不要讲话太快,一方面给没有准备的用户时间和机会回忆细节,另一方面避免用户觉得你很忙。

3) 不要打断用户,记下用户的评语(批评、表扬)。

4) 交车一周内打电话询问用户是否满意。

5）打回访电话的人要懂基本维修常识、懂沟通及语言技巧。

6）打电话的时间要避免客户的休息时间、会议高峰、活动高峰。一般在上午：9:00-11:00 和下午：4:00-6:30 比较合适。

7）如果用户有抱怨，不要找借口搪塞，告诉客户你已经记下他的意见，并让用户相信如果他愿意，有关人员会与他联系并解决问题，有关人员要立即处理，尽快回复用户。

8）跟踪的情况要进行分析及采取改进措施。

9）对用户的不合理要求进行合理解释。

10）回访比例不少于二分之一。

11）回访对象必须包括各种类型的客户，对象越多越有代表性，维修费的多少也可以作为一个衡量标准。

12）说明车上各种设备的操作方法，并就其运作提出技术建议。

案例 1

电话跟踪示例

(1) 简明的自我介绍

介绍要言简意赅，可这样说："××先生/女士，您好！我是××修理厂的××。"

(2) 说明打电话原因

"我打电话是想了解您的车最近在我修理厂维修的情况。"

(3) 提出问题

对维修服务是否满意，服务及维修人员态度如何，维修质量如何，对我们企业整体印象如何等。

(4) 记录客户不满意的原因

将不满意的原因记下来，并告诉客户："我会将您的意见转告我们经理"。

(5) 感谢客户，结束谈话

"谢谢您，接受我的访问耽误您这么长时间，期待您一如既往地支持我们！"

2. 电话跟踪不好的做法

1）自我介绍阶段不熟练，客户会怀疑回访后面另有隐情。

2）随意说话让客户产生误解，以为他的车辆有问题。

3）选择打电话时间只考虑自己方便，不考虑用户方便。

4）打电话人不懂维修，不懂沟通技巧，不懂打电话的艺术。

5）用户表示不满没人受理。

6）对不合理要求态度暧昧。

7）电话记录信息不够或内容没意义。

3. 有问必答

接待员必须具有强烈的客户意识，要重视客户的感觉，要对客户负责任。尤其是对客户提出的意见及建议，必须要有准确的回答，以表示对客户的尊重。

做好记录。记录要保持原意,不得漏记,必要时,将所记录的内容重复一遍给客户听,让客户确认无误才行。

7.3　回访问题处理

7.3.1　对不满意客户的处理

一般分三种情况:

1）对于言辞强烈的客户,其车辆存在严重质量问题并影响车辆正常使用的客户,应即刻通知公司经理,迅速解决问题,以示对客户的理解和关注。

2）对于服务质量有问题,由责任人或公司经理向客户直接道歉,以求得客户的谅解。

3）对维修质量不太满意但又不影响使用的,可以和客户讲好来修的日期,如果客户工作忙无时间过来维修,约定等下次维修保养时一起解决。

7.3.2　回访问题的统计分析

定期统计分析电话记录,对维修质量、配件质量、服务态度、维修价格、维修时间等以及其他问题进行统计分析,算出单个评价指标对应不满意宗数的总数和相应于所有通话次数各自所占的百分比,然后将每月或每周统计出的百分比用线图表示出来(图 7-2、图 7-3、图 7-4、图 7-5),这样就产生了一条条曲线、图表,对于每个评价都可以清楚客观地看出不满意的事件的数量,并由此可以看出客户对于企业在一年中满意度的变化,以及在哪个环节上应该必须采取措施。

客户关怀作业报表分析及改善:

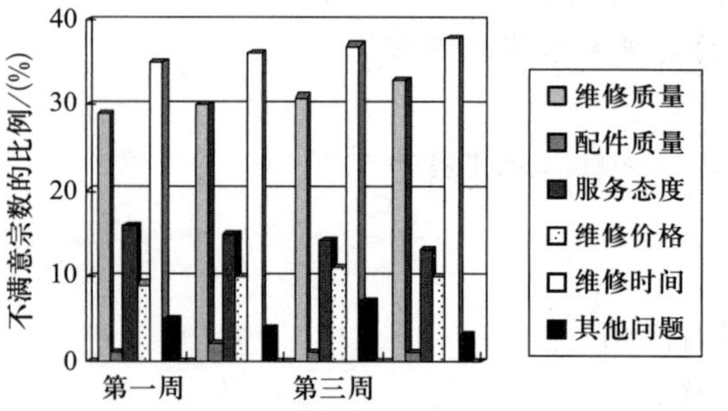

图 7-2

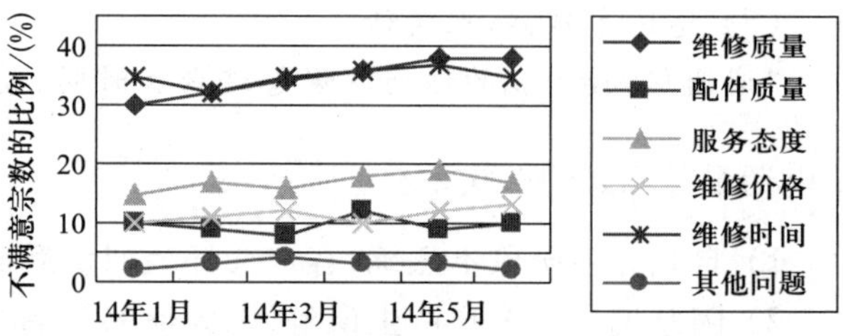

图 7-3

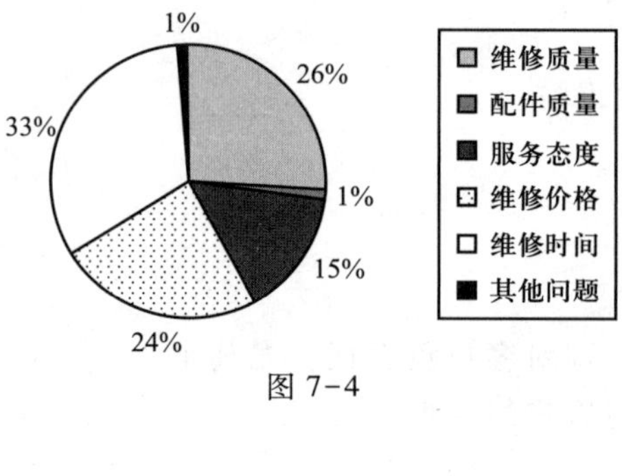

图 7-4

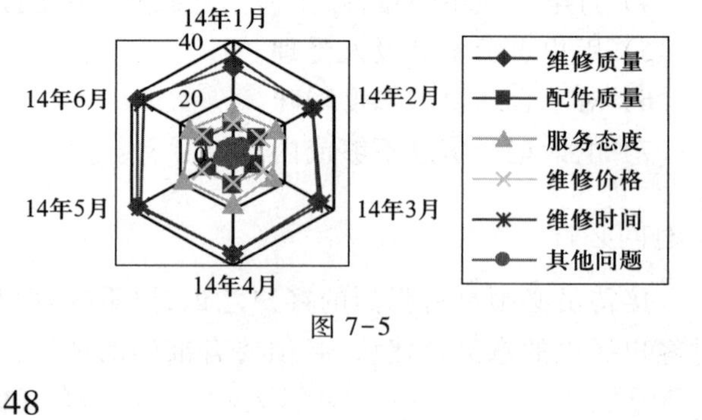

图 7-5

将回访问题进行统计分析后，报告经理、站长、技术总监等，制定改进方案及措施进行整改，进一步提高企业服务质量。

7.4 客户满意分析

1. 客户满意分析

ISO 9000:2000《质量管理体系-基础和术语》中对客户满意的定义是：客户满意是客户对其要求已被满足的程度的感受。客户抱怨是一种满足程度低的最常见的表达方式，但没有抱怨并不一定表明客户很满意。即使规定的要求符合客户的愿望并得到满足，也不能确保客户很满意。

调查表明，大多数客户在送修之前几乎总是看到缺点，工时费用高、配件费用高、送车和取车费时以及修车时无车可开等。所有这一切原则上都是客户满意度的负面条件。因此，我们维修服务的目的就是增加满意因子，赢得客户的信任，让客户满意。

2. 客户满意因素

（1）素质

1）人员素质：包括基本素质、职业道德、工作经验、教育背景、观念、态度、技能等。

2）设备工具：包括完不完善、会不会用、愿不愿用。

3）维修技术：包括一次修复合格率、质量。

4）服务标准化：包括接待、维修、交车、跟踪。

5）管理体制：质量检验、进度掌控、监督机制。

6）厂房设施：顺畅、安全、高效。

（2）价格

1）价格合理：包括工时费、配件价格合理。

2）品牌价值：包括知名度、忠诚度。

3）物有所值：包括方便、舒适、安全、干净。

4）服务差异：服务品质与其他企业的差别。

5）附加价值：包括免费检测、赠送小礼品。

（3）服务

厂房规划：CI 形象、区域划分、指示牌。

专业作业：标准程序、广告牌管理、专业人员负责、5S 管理、专业分工。

价格透明：常用零件价格、收费标准。

兑现承诺：交车时间、维修时间、配件发货、解决问题。

客户参与：寻求客户认同，需求分析，报告维修进度，告知追加项目，交车过程，车主讲座。

（4）专业化

语言专业，热忱、亲切。

(5) 便利性

1) 地点:与客户居住地的距离、客户进厂的路线、天然阻隔、接送车服务、指示牌。

2) 时间:营业时间、假日值班、24 小时救援、等待时间。

3) 付款:付款方式、有人指引或陪同、结账时间、单据的整理。

4) 信息查询:维修记录、费用、车辆信息、配件、工时费。

5) 商品选购:百货等的选购。

6) 功能:保险、四位一体、紧急救援、车辆年审、汽车俱乐部、接送车服务。

案例 2

某维修企业发现在到厂维修的客户中不少都带着小孩,由于厂区内没有可以玩耍的地方,小孩待一会儿就又哭又闹,嚷着要离开,弄得大人心情不好。针对这种情况,这家企业在客户休息室内专设了儿童游乐区,设置滑梯、积木、蹦蹦床等娱乐用品。这一招还真灵,来厂维修的车主可以很安心地等待,再也不会因为孩子着急离开而心烦意乱了。而且,一些车主听说此事,很愿意带孩子来玩,这样既修了车,孩子又有玩的地方。

3. 客户关怀的基本原则

客户满意第一;关怀要出自于内心;把客户当成自己,换位思考;主动式的关怀,在客户困难时伸出援助之手;帮助客户降低服务成本,赢得客户的信任;不要表现出明显的商业行为;在客户满意和公司利益之间寻找最佳平衡点。

案例 3

一天一位来修车的客户告诉我们,A 先生的一辆别克君威轿车前几天翻入沟内,A 先生也受了轻伤。我们很想让这辆车来厂维修,但感觉若唐突访问,会让客户很反感,我们先让电话跟踪小姐以电话回访的方式与 A 先生联系。“先生,我是××厂的信息员,冒昧打扰,请问您的车最近行驶得好吗?”A 先生无奈地说他的车发生事故了,电话跟踪小姐马上表示慰问。接下来,我们厂的业务经理买了一束鲜花亲自登门看望 A 先生,对他表示慰问,A 先生很是感激,与我们谈起了事故经过,谈起他的车辆情况。我们抓紧时机与他谈起车辆的维修来,谈如何能保证恢复车辆原有状况,A 先生对此很感兴趣,我们不失时机地建议将车辆放到我厂维修,并谈了我们的承诺,A 先生欣然同意,我们成功地承揽了一笔大生意。

案例 4

B 先生的桑塔纳发动机已行驶 16 万千米,烧机油严重,B 先生想将发动机大修一下,到我厂咨询所需费用。听了 B 先生的介绍,我们给 B 先生作了一下测算,要解决烧机油问题有三种可能的方案:更换气门油封;更换气门油封和活塞环;镗缸,更换活塞、活塞环、气门油封。就桑塔纳发动机行驶 16 万千米来看,采用前两个方案即可解决问题,费用约在 800~2000 元。而 B 先生提出的发动机大修费用就高了,约为 4000~6000 元。听了我们的分析,B 先生很高兴,当即决定将车放在我厂维修。我们拆下缸盖,更换了气门油封和活塞环,该车就不烧机油了。通过这件事,B 先生与我们建立了深厚的感情,他成为我们的忠实客户。

4. 客户关怀的实施要点

1）新车提醒。若客户购买新车,应做到以下几点:

新车交车的三周至四周内,使用信函或电话询问新车的使用情况;主动告知服务站地点、营业时间、客户需要带的文件,并进行预约;提醒首次保养的里程与日期。

2）维修回访。维修时事前与客户讨论好回访的方式与时间;维修后3日内进行回访;对客户提出的意见要有反馈;信函种类有关怀函、祝贺函,内容着重于关怀,勿出现明显的商业行为。

3）久未回厂联系。久未回厂联系前应先了解客户前次服务内容与是否有不满。若客户有不满,应表示歉意,并征求客户意见,请客户来厂或登门访问。

4）定期保养通知。距保养日前2周发出通知函或1周前电话通知;主动进行预约;主动告知保养内容与时间。

5）季节性关怀活动。主动告知客户季节用车注意事项;提醒客户免费检测内容。

6）车主交流会。交流会内容可包括:正确用车方式、服务流程讲解、简易维修处理程序、紧急事故处理等。人数10~15人为宜,时间一般不要超过2小时。可以请客户代表发言,赠送小礼品,进行客户满意度调研。

7）信息提供。提供的信息应是与客户利益相关的。包括:客户从事产业的相关信息;新的汽车或道路法规;路况信息;客户感兴趣的相关信息。

案例5

上海通用"Buick Care 别克关怀"活动

别克宣称"Buick Care 别克关怀"是中国汽车的第一个售后服务品牌。除了寓意深刻的视觉标识外,"别克关怀"最受人瞩目的是其全新的"关怀式售后理念",及在此基础上推出的6项标准化"关心服务"。"别克关怀"的推出,突破了售后服务在形象上从属于销售的现状,更将汽车售后服务从传统的被动式维修服务带进主动关怀的新时代,同时将加强别克品牌的市场竞争力。"别克关怀"以"比你更关心你"为核心,强调售后服务的主动性,要求售后服务人员比你更关心你的车,主动担当你的义务汽车保养顾问,并重视你在体验整个服务过程中的心理感受。

"别克关怀"的具体内容是指上海通用汽车推出的6项标准化"关心服务",包括:

主动提醒问候服务——主动关心;

一对一顾问式服务——贴身关心;

快速保养通道服务——效率关心;

配件价格、工时透明管理——诚信关心;

专业技术维修认证服务——专业关心;

两年或四万公里质量担保——品质关心。

从点点滴滴的日常服务到全车免费检测活动,上海通用踏踏实实地对你的爱车倾注无微不至的关怀，让你的车健康，让你行车更放心！“别克关怀”不但是中国第一个售后服务品牌，还致力于打造中国第一的售后服务品牌。

案例 6

一汽轿车 MAZDA6“全心管家式”服务

一汽轿车 MAZDA6 以倡导“全心管家式”服务为主题的服务工程在其全国各销售服务店正式全面启动。这项服务工程根据用户的不同需求，制定了多项标准服务，想用户所想，做用户之所需，准确、生动地传达一汽轿车“全心管家式”服务定位。“以用户为本，努力将一次性买主变为一个终生用户”，开展多元化、个性化、人性化的服务，做到用户购买和使用一汽轿车产品没有后顾之忧。

案例 7

沈阳华晨中华“一、二、三、五、六”的服务模式

华晨中华服务体系的核心是“一、二、三、五、六”的服务模式，即：

一个理念：消除客户烦恼，塑造中华形象。

两个使命：把每一次修理变成塑造品牌信任的机会，把每一个客户，变成捍卫中华品牌和民族自主品牌的卫士。

三个控制：服务态度好、服务品质优、服务效率高。

五个不漏：一个不漏地登记用户档案，记录用户反映的问题；一个不漏地处理用户反映的问题；一个不漏地复查处理结果；一个不漏地将处理的结果反映到设计、生产、经营部门；一个不漏地分析问题大面积爆发的可能性。

六种服务观念：用户有需求，服务无边界；凡用户想到的，我们一定做到；用户没有想到的，我们努力替他们做到；一票到底的流程，一站到位的服务；需求就是动员令，对用户的需求，第一时间做出反应、第一时间开始行动；服务始于规范，终于满意。

案例：某品牌车客户抱怨及投诉调查分析表（表 7-3～表 7-8）

表 7-3　（预约接车）客户抱怨调查

用户意见	数量汇总	百分比
服务不主动	29	34.5%
服务人员态度不好，不热情	29	34.5%
到店后没有服务人员接待	13	15.5%
服务人员不友善	9	10.7%
服务人员没有使用礼貌用语	2	2.4%
服务不耐心	1	1.2%
服务不周到	1	1.2%
总计	84	100.0%

表 7-4 （预约接车）客户期望调查

用户期望	数量汇总	百分比
服务主动些	15	35.7%
希望到店后有服务人员主动接待	12	28.6%
改善服务态度，服务更热情	11	26.2%
了解客户需求	3	7.1%
服务更耐心	1	2.4%
总计	42	100.0%

表 7-5 （问诊制单）客户抱怨调查

用户意见	数量汇总	百分比
服务人员专业知识欠缺，不能准确回答客户问题	17	34.7%
对客户提出的问题解答不主动，不全面	14	28.6%
服务不好	6	12.2%
维修人员工作不细致	4	8.2%
没有耐心倾听客户需求	3	6.1%
不考虑客户的利益（如更换不必要的配件）	2	4.1%
服务不守时	1	2.0%
服务人员对其他品牌不了解	1	2.0%
不能解决顾客车辆的问题	1	2.0%
总计	49	100.0%

表 7-6 （问诊制单）客户期望抱怨调查

用户期望	数量汇总	百分比
提高服务人员专业水平	62	74.7%
对客户提出的问题解答清楚、全面些	12	14.5%
改善服务态度	5	6.0%
增加负责接待人员数量	2	2.4%
提高服务人员的沟通能力	1	1.2%
对于服务人员解释不了的问题，客户可以和技术人员直接沟通	1	1.2%
总计	83	100.0%

表 7-7 （诊断维修）客户抱怨调查

用户意见	数量汇总	百分比
不能完全解决问题/故障	47	34.1%
不能正确诊断出故障	38	27.5%
诊断故障速度慢	31	22.5%
维修人员经验不丰富，技术水平差	8	5.8%
不重视客户提出的问题	7	5.1%
工人责任心差	5	3.6%
配件不齐备	1	0.7%
不维修而是直接更换配件	1	0.7%
总计	138	100.0%

表 7-8 （诊断维修）客户期望调查

用户期望	数量汇总	百分比
提高技术水平，解决车辆问题	13	29.5%
降低维修费用	6	13.6%
改善服务态度，提高服务质量	6	13.6%
提高工作效率	5	11.4%
增强工作人员的责任心	4	9.1%
重视客户提出的问题	3	6.8%
不要随便拆换配件	1	2.3%
检查全面些	1	2.3%
解释详细些	1	2.3%
双休日也可以营业	1	2.3%
维修透明些，让客户可以看到	1	2.3%
修理后提供洗车服务	1	2.3%
应该做维修记录	1	2.3%
总计	44	100.0%

知识链接

提供优质服务前的准备

一年之计在于春，一日之计在于晨。每当你进入工作角色之前，很有必要从以下几个方面做好充分准备。实践证明，这几方面准备得越好，你的工作就会越有成效。

1. 实质上的准备

1）健康的体魄，给人以神采飞扬的感觉。

2）仪容整洁大方，建立专业的形象。

3）工作环境清洁整齐，有关用具齐备。

2. 思想上的准备

1）熟悉维修服务须知，随时准备应付客户之查询或投诉。

2）熟悉产品知识，随时准备向客户介绍服务/产品的好处（包括缺点）及应付异议。

3）熟悉本企业之维修规定。

4）熟悉本企业的结构、各部门的功用及工作程序、服务原则等。

5）了解汽车维修市场动态及信息。

3. 情绪上的准备

1）保持足够的睡眠。

2）以平常心来看待非个人能力所能控制的忧虑。

3）视压力为挑战或学习的机会。

4）集中于如何解决问题，而不再让忧虑困扰。

5）对人或对事都不存偏见。

6）明白保持情绪稳定是业务接待员必须具备的条件。

4. 知识上的准备

1）具有汽车构造、汽车维修、汽车材料及零配件基础知识。

2）具有与汽车维修有关政策、法规、维修合同、机动车辆保险及保修知识。

3）具有财会基本知识，熟悉本企业付款与交车程序。

4）具有良好的表达能力与书写能力。

5）计算机操作熟练。

思考与研讨

1. 简单画出汽车维修企业跟踪服务流程。
2. 描述车辆维修企业的跟踪服务规范。
3. 叙述车辆维修企业的跟踪服务基本要求。
4. 对车辆维修企业的跟踪服务项目进行分析。

单元 8　保修服务

学习目标

知识目标

1. 简单叙述保修工作内容。
2. 正确描述保修服务的工作条件。
3. 简单叙述车辆保修的程序。
4. 掌握保修手续的办理、费用的计算。

能力目标

1. 能按照保修程序办理保修的手续。
2. 分析故障现象，确定保修项目。
3. 能办理保修手续，计算保修的费用。
4. 能协调保修项目。

8.1 保修工作流程

保修工作流程如图 8-1 所示。

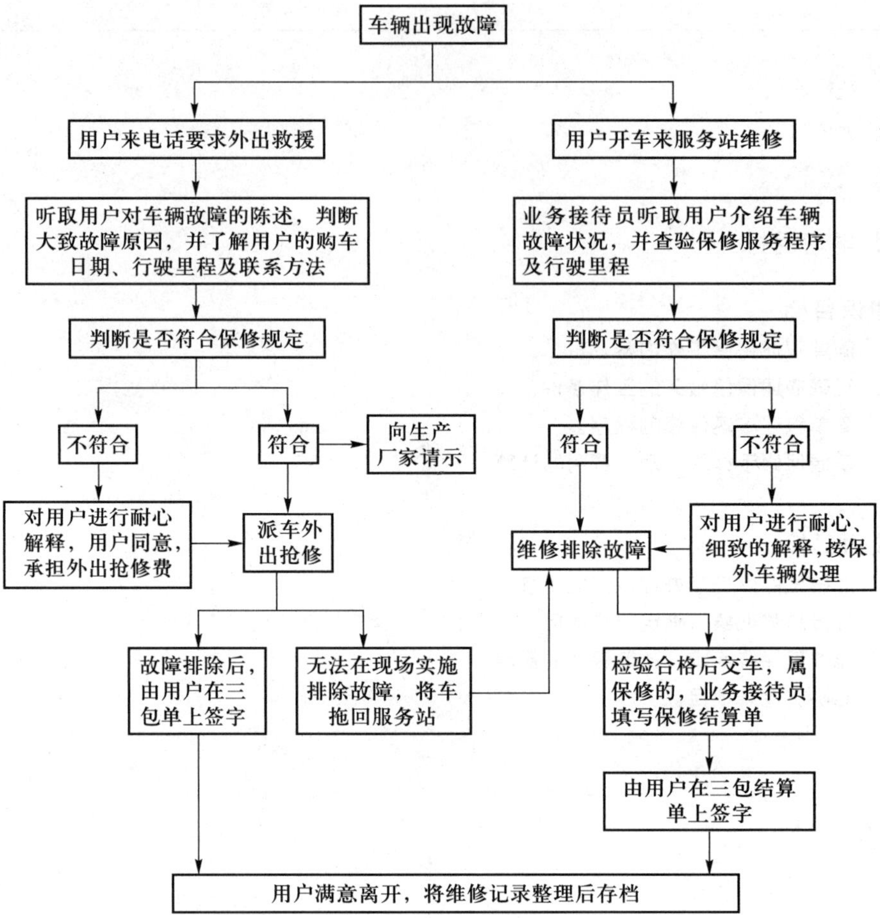

图 8-1 保修工作流程

知识链接

1. 三包的定义

三包指包修、包换和包退。

1）包修：自购车之日起（以购车发票时间为准），在一定的质量保修期内，因质量问题引起的故障，采取以换件或修复的方式恢复车辆性能。

2）包换：自购车之日起（以购车发票时间为准），在一定的质量保修期内，因严重的质量问题（如制动失效、转向失效、车体开焊、发动机抱死等），经修理仍达不到车辆主要技术性能指标的，用户可以换车。

3）包退：自购车之日起（以购车发票时间为准），在一定的质量保修期内，因严重的质量问题（如制动失效、转向失效、车体开焊、发动机抱死等），消费者可以退车。

2. 三包的原则

汽车产品实行谁销售谁负责的三包原则。对于在三包有效期内出现的产品质量问题，制造商委托修理商，即常说的特约服务站向用户承担三包责任。

8.2 保修条件

1. 保修的意义

保修是特约服务站对在质量担保期内损坏的车辆进行免费维修，并由汽车生产厂家服务部对特约服务站维修费用进行结算的服务的方式。费用主要包括车辆正常保修的材料费、工时费；外出救援的交通、住宿等费用。

质量担保的目的，一是使用户对制造厂的产品满意；二是使用户对制造厂经销商的售后服务满意：这两个因素是维护公司和产品信誉以及促销的决定基础。其中，用户对售后服务是否满意最为重要。如果用户对制造厂的服务仅仅有一次不完全满意，制造厂无疑就会失去这个用户；相反，如果制造厂的售后服务能够赢得用户的信任，使用户满意，那么制造厂就能够继续推销其产品和服务。质量担保制度是售后服务部门的有力工具，制造厂可以用它来满足用户的合理要求，每个经销商都有义务贯彻这个制度，执行质量担保承诺也是经销商吸引用户的重要手段。众所周知，尽管在生产制造过程中生产者足够认真，检验手段足够完善，但还会出现质量缺陷，重要的是这些质量缺陷能够通过售后服务系统，利用技术手段迅速正确地得到解决。售后服务的质量担保正是要展示这种能力，在用户和经销商之间建立一种紧密的联系并使之不断地得到巩固和加强。

2. 保修条件

以一汽大众汽车有限公司大众品牌轿车为例。

（1）整车质量担保

起始时间为：汽车自购买之日（以购车发票为准）起计。

1）属出租营运用的新购捷达车质量担保期为 12 个月或 10 万 km（以先达到者为准）。

2）除出租营运外的所有其他用途新购捷达车质量担保期为 24 个月或 6 万 km（以先达到者为准）。

3）质量担保期内若用户变更轿车用途，轿车享受原质量担保期，期限和里程不作变更。

4）宝来车的质量担保期为一年，无里程限制。

(2) 备件质量担保

零件自从一汽大众特约经销商购买(以发票为准) 并在特约经销商处安装之日起,质量担保期为 12 个月或 10 万 km(以先达到者为准) 。

(3) 捷达特殊件的质量担保期(以先达到者为准)

控制臂球头销:12 个月或 6 万 km。

前后减振器:12 个月或 6 万 km。

等速万向节:12 个月或 6 万 km。

喇叭:12 个月或 6 万 km。

蓄电池:12 个月或 10 万 km。

氧传感器:12 个月或 7 万 km。

防尘套(横拉杆、万向节):12 个月或 6 万 km。

三元催化转换器:24 个月或 5 万 km。

(4) 捷达易损件的质量担保期(以先达到者为准)

灯泡:6 个月或 5 000 km。

轮胎:6 个月或 5 000 km。

火花塞:6 个月或 5 000 km。

全车玻璃件:6 个月或 5 000 km。

前制动摩擦衬片、后制动蹄片:6 个月或 5 000 km。

风窗雨刮片:1 个月或 1 000 km。

(5) 凡以下原因造成的损坏不属于质量担保范围

1) 车辆在非一汽大众特约经销商维修过。

2) 车辆装有未经一汽大众许可使用的零部件,或车辆未经一汽大众许可改装过。

3) 车辆使用中未遵守(《使用说明书》《保养手册》《7500km 免费保养凭证》) 使用规定或超负荷使用(如用作赛车) 。

4) 由于使用不当或滥用车辆造成的损坏也不在质量担保范围之内。

5) 交通事故造成的损坏。

(6) 其他条件

1) 由于经销商本身操作不当造成的损伤,经销商应承担责任并进行必要的修复。

2) 一汽大众的售后服务网络必须使用一汽大众备件科提供的指定型号机油,否则不给予首保费用及办理发动机及相关备件的保修。

3) 保修期间的间接损失(车辆租用费、食宿费、营业损失等) 均不予赔偿。

4) 质量担保指根据技术要求进行修复或更换,更换下的零部件归一汽大众汽车有限公司所有。

5) 经销商从一汽大众汽车有限公司备件科订购的备件在未装车之前发生故障,请各经销商向一汽大众汽车有限公司备件科保修。

6) 关于常规保养,一汽大众汽车有限公司或用户已支付其费用,经销商有责任为用户车辆做好每一项保养工作。如果用户车辆在经销商保养后,对保养项目提出保修要求,应由经销商自行受理。

3. 保修整车条件

(1) 保修整车条例

因产品质量原因造成的故障无法消除,而其他补救措施对用户而言又不尽合理,在这种情况下,给用户换车是恰当的做法,也是建议采用的措施。

(2) 以下情况可以申请保修整车

1) 车辆故障由重大产品质量缺陷引起,且故障无法完全排除。

2) 车辆故障由重大产品质量缺陷引起,车辆的修复达不到国家相关技术标准。

3) 用户提车不超过 24 h,就发现重大车辆故障(由用户提出后,经公司质保、产品及售后等技术部门确认后,确属质量缺陷,而用户强烈要求换车的)。

(3) 以下情况不能保修整车

1) 车辆行驶超过质量担保期。

2) 车辆没有按规定定期保养或操作、使用不当。

3) 车辆发生过交通事故。

遇特殊情况需办理保修,经销商必须请示售后服务及其主管部门批准,签字生效后办理。

知识链接

三包保修的基本知识

1) 销售商销售汽车产品时,应当如实告知用户以下内容:

汽车产品结构、配置、性能、产地;汽车产品已行驶的里程;汽车产品三包承诺的具体内容。

2) 销售商向用户交付汽车产品时,应当符合下列要求:

当面检验汽车产品(包括外观、内饰及可检验功能)并试车;提供发票、三包凭证、产品合格证、中文产品使用说明书及其他随车文件;明示汽车产品三包有效期和三包方式;提供特约服务站名单、地址和联系电话;按随车文件向用户交清随车工具、附件、备件;在三包凭证上填写销售商有关信息;提醒用户认真阅读安全注意事项,并按产品使用说明书的要求使用、维护。

对于进口汽车产品,还应当提供海关出具的《货物进口证明书》和检验检疫机构出具的《进口机动车辆随车检验单》。

3) 汽车产品三包凭证应当包括产品名称、规格、型号、发动机编号、车辆识别代码(Vh)、产品合格证编号;汽车生产厂家名称、邮政编码、地址、客户服务电话;销售商名称、地址、邮政编码、电话、销售日期;特约服务站名称、地址、邮政编码、电话;三包项目、有效期等内容。

4）在三包有效期内，汽车产品出现质量问题，用户凭三包凭证在指定的特约服务站办理免费修理（包括工时费和材料费）。质量问题是指汽车产品出现影响正常使用，或者无法正常使用，或者影响安全，或者产品质量与法律法规、标准以及企业明示的质量状况不符合的情况。

5）丢失三包凭证或购车发票，但能够证明所购汽车产品在三包有效期内的，用户可由特约服务站向汽车生产厂家申请补办三包凭证后，仍可享受修理、更换、退货权利。

8.3 保修程序

1. 服务站向用户保修

1）用户在使用车辆过程中，发现车辆出现故障或存在缺陷，应向当地授权特约经销商提出保修，不能直接向制造厂提出保修。

2）经销商保修鉴定人员对故障车辆进行鉴定，对于在质量担保期内且符合质量担保条件的车辆给予保修，维修工时费、材料费不予用户结算。如为保修整车情况，则应先填写《保修整车申请报告》（见表 8-1），报售后服务主管部门审批，再填写《商品车换车审批表》（见表 8-2）上报审批，符合保修整车条件的，在给用户换车时，还要填写《换车交接登记表》（见表 8-3）。在维修好故障整车后，经销商和当地中转库要填写《保修修复车交接表》（见表 8-4）。

表 8-1 保修整车申请报告

经销商代码：				编号：	
用户单位				联系人	
地址				电话	
车型		底盘号		发动机号	
领证日期		里程数		变速器号	
故障现象					
检查分析结果	鉴定人： 电话： 维修站（章）： 日期：				
售后服务科意见	处理人： 科长： 日期：				
售后服务部意见	部长： 日期：				
主管总经理意见	总经理： 日期：				

续表

提车各部门程序					
售后服务		储运公司储运部		服务站	
经办人		经办人		底盘号	
日期		日期		发动机号	
				颜色	
				经办人	
				日期	

注：经销商办理完车辆交接手续后，在一周内将本报告传真给一汽大众售后服务科保修组及销售公司的销售部和储运部。

表 8-2 商品车换车审批表

经销商代码				编号	
用户单位				联系人	
地址				电话	
车型		底盘号		发动机号	
领证日期		里程数		变速器号	
故障现象					
检查分析结果	鉴定人： 电话： 维修站(章)： 日期：				
售后服务科处理意见	处理人： 科长： 日期：				
销售服务部处理意见	部长： 日期：				

表 8-3 换车交接登记表

				编号	
用户单位				联系人	
地址				电话	
车型		底盘号		发动机号	
领证日期		行驶里程		变速器号	
新车车型		底盘号		发动机号	
是否附有换车证明		是		否	
用户交纳的车辆折旧费用(人民币)：					

续表

经销商名称		代码	
经办人：　　电话：　　日期：			
用户	签字：　　电话： 日期：	制造厂售后 服务科	经办人：　　电话： 日期：

注：本表随换车费用发票一同寄往制造厂服务科保修组。

表 8-4 保修修复车交接表

				编号	
旧车车型		底盘号		发动机号	
领证日期		行驶里程		变速器号	
修理记录：					
经销商名称				代码	
地址					
经办人		电话		日期	
仓库名称					
地址					
经办人		电话		日期	

2. 汽车生产厂家向经销商保修

1）经销商的保修员对符合保修条件并完成保修鉴定的用户车辆填写《保修登记卡》，并在管理系统中录入《保修申请单》，将相应的条形码粘贴或拴挂在保修件上，并将该保修件按月及时送往或寄往指定地点。

2）制造厂售后服务科保修员对经销商邮寄过来的保修件及保修申请单进行审核，并通过管理系统将确认的保修申请转入保修结算库。

3）经销商根据管理系统中“经销商月结算”信息开具增值税发票并将发票按要求录入管理系统；经销商把保修款发票及销货清单，以特快专递形式寄给制造厂财务部会计科，财务部通过管理系统将保修款转为备件款。

4）重大质量问题造成的保修，经销商应及时填写《重大质量问题反馈报告》，对于多发性质量问题造成的保修，经销商应及时填写《多发故障反馈报告》，及时上报给售后服务科。

3. 零部件生产厂家向汽车生产厂家保修

如：

1）一汽大众汽车有限公司售后服务科保修员，把审核后的进口保修申请单通过一汽大众汽车有限公司管理服务部将数据上传至德国大众 SACA 系统；向德国大众公司申请保修。

2）德国大众公司把正确的保修申请单对应的保修款存到一汽大众汽车有限公司指定账户。

3）制造厂售后服务科保修员把审核后的保修申请单，按协作厂分类打印《售后服务外协件保修单》。

① 通知财务部将保修款从协作厂货款中扣除。

② 通知协作厂，在一个月内来制造厂取回保修件，一个月内不领取，做销毁处理。

4. 财务结算

1）经销商必须有独立的银行账户，有独立的财务进出明细账目。

2）经销商和一汽大众公司的保修结算包括：保修材料费、保修材料管理费、保修件运费、工时费、7500km 首次免保。

3）结算依据：保修申请单、保修件、7500km 免赔保养凭证、发票。

4）一汽大众特约经销商和一汽大众公司的结算标准。

① 售前服务检查费：20 元/辆。普通发票寄往一汽大众储运部中转室。

② 首保费用：

捷达（2V 电喷）、捷达（5V），202 元/辆；宝来，220 元/辆；捷达（柴油机），212 元/辆。

③ 保修工时费：捷达、宝来，60 元/h。

④ 保修材料费=备件价格+管理费。

5. 保修件管理

1）所有属于保修业务更换的零部件的所有权属于制造厂。

2）保修件应完整无缺，不经主机厂售后服务管理部门的同意不能随意拆卸，否则制造厂将不给予保修。

3）经销商应设独立的保修件库、保修件货架，保修件在货架上分类存放，摆放整齐，每个保修件上要拴有标签，标签完整清晰。

4）保修件库由经销商保修员专人管理，建立保修件账目，保修件应与账目相符。

5）经销商应在规定的时间之前将前一个月保修业务的保修件寄往主机厂指定的地点，装箱必须附保修件验收清单。

6）保修件验收：主机厂售后服务管理部门有专门的人员对经销商返厂的保修件进行验收，验收依据为经销商的保修申请。

7）在验收中如发现违反规定的行为，主机厂将对经销商进行处理，如：

① 经销商不邮寄保修件、保修件不拴挂《保修登记卡》，第一次提出警告，写出书面检查，第二次全国服务网络内通报，第三次停止该经销商的保修业务，服务组织组

将根据具体情况取消该经销商年终 A 级站评审资格，同时可能被列为 C 级站或全国通报处理。

②《保修登记卡》上故障描述内容不详细、保修件损伤情况与《保修登记卡》上故障描述不符、超期邮寄保修件、包装内无《保修件验收清单》，第一次提出警告，写出书面检查，第二次扣除保修款。

知识链接

免责规定

1）特约服务站能够证明发生下列情况之一的，不承担三包责任，但应当提供合理的收费修理：

① 汽车产品用于租赁或者其他运营目的的。

② 无有效发票和三包凭证，又不能证明其所购汽车产品在三包有效期内的。

③ 发票或者三包凭证上的产品品牌、型号、车辆识别代码（VIN）与要求三包的整车产品的品牌、型号、车辆识别代码（VIN）不符的。

2）发生下列情形之一的，特约服务站能够证明不是由于产品质量原因造成的，对于所涉及部分，不承担三包责任，但应当提供合理的收费修理：

① 用户购车时，以书面形式被告知汽车产品存在瑕疵的部分。

② 因用户未正确使用、维护、修理产品，而造成损坏的部分。

③ 使用说明书中明示不得改装、调整、拆卸的，因用户自行改装、调整、拆卸造成损坏的部分。

④ 非因产品质量原因发生交通事故而造成损坏的部分。

⑤ 发生故障后，用户自行处置不当，造成损坏的部分。

⑥ 因不可抗力造成损坏的部分。

8.4　保修件回收和保修费用结算

1. 保修件回收规定

汽车生产厂家为了加强对汽车维修服务站维修质量的管理，便于进行产品质量分析，要求各汽车维修服务站对更换下的三包保修件（旧件）分类回收，大部分旧件要返回厂家。

在旧件回收工作中，特约服务站必须遵守下列规定：

1）特约服务站对汽车进行保修服务时，应按规定将回收的旧件及时返回汽车生产厂家服务部。

2）服务站为用户进行维修服务后应及时填写保修件标签，并按一件一签套牢在每一旧件上。旧件标签上须填写发动机号、车辆识别代码（VIN）、行驶里程、购车日期、维修日期、服务站代码、服务站名称和故障现象。

3）服务站在返回旧件时，须正确填写《保修材料回收统计单》，其编号与结算单上填写的编号一致,一式三份,服务站自留一份。

(1) 旧件的包装

1) 服务站打印出《维修旧件发送装箱单》,并盖上经销商公章。

2)《维修旧件发送装箱单》应放入旧件包装箱内。

3) 每件包装箱外表面都必须注明服务站名称、每件编号和该批旧件的总件数。总成件必须完整,不得出现拼凑和缺少零件的现象。对笨重件或易碎件应分类分别装箱,避免损坏。对小零部件用纸箱或塑料袋分类包装后放入大箱里,大箱应牢固,如系纸箱其外面应加尼龙编织袋再行包装,以防货运中散落,凡不按上述规定包装造成的损失,由服务站自行承担。

(2) 旧件的发送

1) 各服务站每月应将经校验、包装后回收的旧件及时发往汽车生产厂家服务部保修管理室,发货后应及时将提货单或领货凭证寄给汽车生产厂家客户服务部保修管理室。

2) 各服务站在返回旧件时,应认真正确填写收货单位、地址、邮编、电话,并及时寄回提货单。

3) 在填写发送单时,收货单位不得填写个人。如因填写不准,发生收货困难,影响保修旧件回收和保修费用结算,责任由发货单位承担。

4) 旧件发送提货单一般用特快专递寄到汽车生产厂家服务部保修室,采用代理发运的服务站必须在发送单和提货单上填上服务站名称、联系人和联系电话。提货单(或领货凭证) 上的发货日期及货单号码必须清楚,以便在到货时核对查找。

5) 在运输过程中发生的货损,由服务站自行负责保修。

6) 因服务站的原因,造成提运旧件延误时间而被货运单位罚款的。服务站保修件运费不得报销,罚款金额从服务站三包结算费用中扣除。

(3) 旧件的验收管理

1) 旧件无标签或标签填写不规范的,视为无旧件回收。

2) 旧件标签与《维修旧件发送装箱单》《保修材料回收统计单》填写不一致的,视为无旧件回收。

3) 对于旧件中未按规定自行拆装、缺件,或电器零件被剥线、插接件破坏,仪表、ECU 壳体损坏等旧件,视为无旧件回收。

4) 对于回收的旧件中非生产厂家核定的配套供应商提供的零件,一律按无旧件回收处理。

5) 旧件回收中发现未经批准的市场采购零部件,视为无旧件回收。

6) 对于同一总成件混装不同配套供应商产品的旧件,或总成件缺件、少件的旧件视为无旧件回收。

7) 故障现象不明,或故障类别与旧件实际故障明显不符的,视为无旧件回收。

8) 由于服务站判断失误造成旧件不能向配套单位保修的,根据配套单位提供的名单,由技术服务处将相应损失从服务商保修费中扣除。

2. 保修费用结算

汽车维修服务站保修费用由汽车生产厂家结算。

(1) 保修费用组成

保修费用包括走合保养费、保修工时费、保修材料费、出差服务费、紧急救援费、旧件回收运输费及其他发生的费用。

(2) 保修工时费

$$工时费=工时单价\times工时定额$$

工时定额:按汽车生产厂家保修服务收费标准规定的定额严格执行,不得随意增加。

工时单价:按汽车生产厂家保修服务收费标准规定执行,其中对不同地区的收费标准又做了不同规定。各种辅料费(如密封胶、清洗液、汽油、棉纱等)及润滑油、制动液、冷却液的补充,已在工时费中考虑,不再另行结算。

(3) 保修材料费

1) 零部件的编号和名称统一按照汽车生产厂家配件价目表提供的目录填写,不得使用习惯名称。

2) 零部件价格按汽车生产厂家提供的调拨价,按一定百分比加价结算。

3) 需经批准以后才能更换的零部件或才能进行的修理项目,要在结算单上注明汽车生产厂家服务部批准人及授权号。

(4) 出差服务费

1) 对于需要外出救援的用户,特约维修站应先了解故障情况,根据最小服务半径原则,确定是否需要外出服务。若需要,原则上应先向汽车生产厂家服务部申请,特殊情况在服务完毕后,应通报汽车生产厂家服务部。

2) 乘坐火车、轮船等交通工具外出服务,报销车船票,给予人员补助;自备车辆外出救援给予车辆和人员补助。车辆补助包括:燃油、过路过桥费及其他费用。人员补助包括住宿费、餐补费、市内交通费等。

3) 外出服务原则上派一到两人。

(5) 旧件回收运输费

按规定回收的三包旧件,要按汽车生产厂家规定的运输方式发送,厂家规定的运输方式一般为铁路快件。对回收旧件采用空运、集装箱、邮寄等运输方式的,其费用不予报销。

(6) 其他特殊用途费用

特殊用途费用指在售后服务工作中为了维护汽车生产厂家的利益所采取的处理方法已超出正常的保修规定所发生的费用。特殊用途费用包括对用户的补偿费、服务站完成某项工作的补贴费,涉及用户投诉所发生的交通、住宿、餐饮等费用。特殊用途费用需经汽车生产厂家服务部主管审批。

(7) 费用结算

保修服务过程中所发生的一切费用,先由特约服务站垫付,然后向汽车生产厂家申请结算,汽车生产厂家审查后统一支付。

(8) 保修费用结算单的填报

1) 保修费用结算单是反映保修全过程的综合凭证,是特约服务站与汽车生产厂家结算的重要依据,必须逐条填写清楚完整,要求真实、准确。

2) 结算单上应有用户签字及特约服务站盖章。

3) 结算单上的车型、车辆识别代码(VIN)、发动机号、购车日期、保修日期、行驶里程等基本数据,是三包的重要依据,要认真核对,与车辆的信息一致。

4) 根据用户反映情况正确录入检查结论、修理项目、作业代码、配套代码等项目。

5) 填写的保修理由要充分、正确。

6) 汽车生产厂家同时要求结算单上的用户单位、车主姓名、通信地址、邮编、联系电话必须正确填写,以便厂家调查、回访。

(9) 保修费用结算单的报审程序

1) 结算数据上报。目前大多数汽车生产厂家采用电子邮件的方式上传结算数据,厂家规定一个月的某天为结算数据上传日。

2) 费用的报审凭证

① 走保费。主要凭走合保养费结算通知单。

② 工时费、材料费。凭保修费用结算申报单、保修材料回收统计单等。

③ 出差服务费。凭外出服务报审单和有效票据。

④ 旧件运输托运费。凭旧件运输托运费的有关票据。

3) 从收到服务站的《保修费用结算申报单》及经确认的旧件回收单之日起,结算员原则上在20天内必须审核完毕。

4) 结算员按标准规定审核后,交财务处复核。对审核费用及审核扣除的不合理费用,坚持三包结算回复制,结算员负责以书面或电子邮件方式通知服务站。

5) 财务处复核后转结算员,通知服务站开具增值税发票,服务站如有疑问,请在5天内提出复审,开票后不再受理复审。发票从通知之日起两周内必须寄达结算员。

6) 服务站将发票直接寄给汽车生产厂家服务部结算员,结算员接到发票后,填写《费用报销单》,经室主任、处领导审核签字后交财务处,由财务处向服务站支付保修服务费。

7)《结算申报单》有下列情况之一者,不予受理:

有漏填、错填项目的。

故障原因不清的。

换件原因不符合保修规定的。

鉴定不准确、不符合规定的。

不按规定的零部件价格和工时标准填报的。

签章不齐全或无签章的。

按规定应退回的旧件未退回或旧件点验不符合要求及未附《旧件回收统计单》的。

需经批准而未填写批准人或授权号的。

《结算申报单》不按时间先后报审的，即后一次不再审核前一次截止时间以前的单据。

用户的地址、单位、联系人、邮编不清楚，信件无法投递，提供的用户电话错误而无法联系的。

《结算申报单》未填配套厂标识代码及作业代码的。

8.5 汽车技术改进

为了确保车辆符合制造厂最新的技术标准，必须保证技术改进活动得到良好的组织和执行。由服务经理负责技术改进活动全过程的监控，做好维修服务和零件供应之间的业务协调工作，并对其接口进行监控，组织技术改进活动过程的改进。维修站对相关人员进行培训。对活动范围内的客户进行预约，安排技术改进日程。

1. 技术改进流程

技术改进流程如图 8-2 所示。

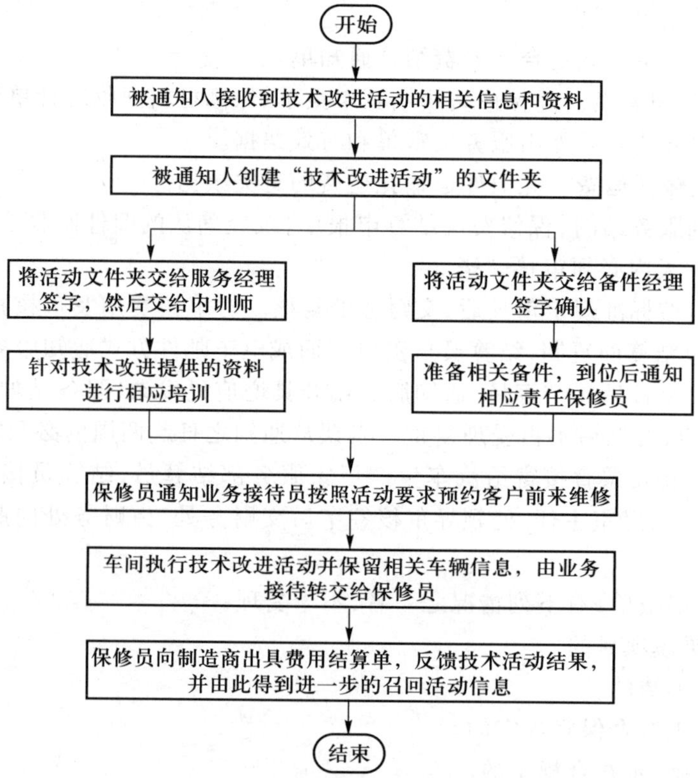

图 8-2 技术改进流程

2. 技术改进工作程序

1）保修员收到技术改进活动的通知后，创建技术改进活动文件夹，包括技术文件、涉及车辆列表、涉及客户信息，打印技术文件并装订《签阅表》，请服务经理和配件经理签字后，交给内训师（维修站内部培训人员）。同时，与零件部同事协调所需配件的准备工作。

2）内训师根据技术文件分别安排车间维修技师及维修接待进行相关培训，请车间经理及各相关人员签字确认后，将技术文件存至档案管理处，并请接收人签字。

3）保修员在确认所需配件到货后，通知服务接待开始预约客户来店进行技术升级。

4）服务接待员开单，并向客户解释此技术升级的内容。

5）车间调度在接到带有技术改进活动的工单时，需首先告知保修员，确认此车是否需做此技术升级。

6）维修技师严格按照技术文件进行维修，车间主管和保修员应及时跟踪工作进展情况，如有任何问题，及时向服务经理反馈。

7）服务接待确认已完成相应技术升级后，交车，并在当天下班前将技术升级的工单交给保修员。

8）服务接待更新客户信息。

9）保修员接到技术升级的工单后，三天之内提交保修单，并跟踪整个偿付过程。

10）在6~8周后，检查此次技术改进活动的完成率，如果比率太低，须确定具体原因，并制订行动计划。

3. 缺陷汽车召回管理

召回指按照《缺陷汽车产品召回管理规定》要求的程序，由缺陷汽车产品制造商进行的消除其产品可能引起人身伤害、财产损失的缺陷的过程，包括制造商以有效方式通知销售商、修理商、车主等有关方面关于缺陷的具体情况及消除缺陷的方法等事项，并由制造商组织销售商、修理商等通过修理、更换、收回等具体措施有效消除其汽车产品缺陷的过程。

国家质量监督检验检疫总局（以下称主管部门）负责全国缺陷汽车召回的组织和管理工作。国家发展和改革委员会、商务部、海关总署等国务院有关部门在各自职责范围内，配合主管部门开展缺陷汽车召回的有关管理工作。各省、自治区、直辖市质量技术监督部门和各直属检验检疫机构（以下称地方管理机构）负责组织本行政区域内缺陷汽车召回的监督工作。主管部门会同国务院有关部门组织建立缺陷汽车产品信息系统，负责收集、分析与处理有关缺陷的信息。经营者应当向主管部门及其设立的信息系统报告与汽车产品缺陷有关的信息。主管部门应当聘请专家组成专家委员会，并由专家委员会实施对汽车产品缺陷的调查和认定。根据专家委员会的建议，主管部门可以委托国家认可的汽车产品质量检验机构，实施有关汽车产品缺陷的技术检测。专家委员会对主管部门负责。主管部门应当对制造商进行的召回过程加以监督，并根据工作需要部署地方管理机构进行有关召回的监督工作。制造商或者主管部门对已经确认的汽车产品存在缺陷的信息及实施召回的有关信息，应当在主管部门指定的媒体上向社会公布。缺陷汽车产品信息系统和指定的媒体发布缺陷汽车产品召回信息，应当客观、公正、完整。从事缺陷汽车召回管理的主管部门及地方机构和专家委员会、检验机构及其工作人员，在调查、认定、检验等过程中应当遵守公正、客观、公平、合法的原则，保守相关企业的技术秘密及相关缺陷调查、检验的秘密；未经主管部门同意，不得擅自泄露相关信息。

（1）缺陷汽车产品召回的期限

整车为自交付第一个车主起，至汽车制造商明示的安全使用期止；汽车制造商未明示安全使用期的，或明示的安全使用期不满 10 年的，自销售商将汽车产品交付第一个车主之日起 10 年止。

汽车产品安全性零部件中的易损件，明示的使用期限为其召回时限；汽车轮胎的召回期限为自交付第一个车主之日起 3 年止。

（2）判断汽车产品缺陷原则

1）经检验机构检验安全性能存在不符合有关汽车安全的技术法规和国家标准的。

2）因设计、制造上的缺陷已给车主或他人造成人身、财产损害的。

3）虽未造成车主或他人人身、财产损害，但经检测、试验和论证，在特定条件下缺陷仍可能引发人身或财产损害的。

（3）缺陷汽车产品召回程序

按照制造商主动召回和主管部门指令召回两种程序的规定进行。

制造商自行发现，或者通过企业内部的信息系统，或者通过销售商、修理商和车主等相关各方关于其汽车产品缺陷的报告和投诉，或者通过主管部门的有关通知等方式获知缺陷存在，可以将召回计划在主管部门备案后，按照主动召回程序的规定，实施缺陷汽车产品召回。

制造商获知缺陷存在而未采取主动召回行动的，或者制造商故意隐瞒产品缺陷的，或者以不当方式处理产品缺陷的，主管部门应当要求制造商按照指令召回程序的规定进行缺陷汽车产品召回。

4. 3C 认证（中国强制认证）、召回、三包之间有什么关系和区别

认证是市场的准入制度，属于前市场管理，而召回属于后市场管理。但是，产品经过认证不等于就已经进入保险箱。一些在设计或制造时造成的缺陷只有在汽车使用过程中才能发现，发现后可以用召回的方式来消除这些可能造成人身、财产安全损害的缺陷。三包针对的是个别的、偶然的问题，召回解决的是某一批次中的同一性的不合理危险。这三种制度相互支持、相互补充，才能对公共安全、产品质量进行完全的管理。缺陷认定是一个复杂的过程，在这个过程中，信息系统提供数据，专家参与研究和调查，必要时由中立的检测机构进行检测。

知识链接

特约服务站的职责

1）代理汽车生产厂家的三包保修业务，承接汽车生产厂家车辆的大、中、小修及日常维护保养。

2）承接汽车生产厂家的强制走合保养业务。

3）认真做好汽车生产厂家当地经销商的售前服务工作。

4）向汽车生产厂家用户提供原厂纯正配件。

5）向汽车生产厂家用户提供技术咨询服务。

6）向汽车生产厂家用户开展优质服务，实行24小时全天候服务，解除用户的后顾之忧。

7）了解所在地的汽车生产厂家汽车的分布情况，建立用户档案，并及时对用户进行电话回访，做好重点用户的上门服务工作。

8）随时全面掌握汽车生产厂家汽车质量状况，收集用户对汽车的意见，服务站定期向汽车生产厂家服务部反馈包括产品质量、产品改进以及同行业动态等在内的各种信息。

9）汽车生产厂家特约服务站的工作人员应保持相对稳定，以保证维修质量。

10）服务站的名称、地址以及法人代表或服务站负责人如有变更，应以书面形式通知汽车生产厂家；服务站改制，应向汽车生产厂家提交承担原服务站债权、债务的财务证明；否则应核对清楚原服务站与汽车生产厂家往来账务后，重新申请建立特约服务站。

11）服务站妥善保存与汽车生产厂家所有往来单据、账目，保管期必须达到2年以上。

12）维护用户利益和汽车生产厂家企业形象，保守汽车生产厂家的商业秘密。

思考与研讨

1. 简单叙述保修工作内容。
2. 描述保修服务的工作条件。
3. 简单叙述车辆保修的程序。

参考文献

[1] 王宏雁. 四位一体汽车销售服务管理指南[M]. 上海:同济大学出版社,2001.

[2] 栾琪文. 现代汽车维修企业管理实务[M]. 北京:机械工业出版社,2005.

[3] 李保良. 汽车维修企业管理人员培训教材[M]. 北京:人民交通出版社,2004.

[4] 鲍贤俊. 汽车维修业务管理[M]. 北京:人民交通出版社,2005.

[5] 杨建良. 汽车维修企业管理[M]. 北京:人民交通出版社,2005.

[6] 沈树盛. 汽车维修企业管理[M]. 北京:人民交通出版社,2004.

[7] 丁卓. 汽车售后服务管理[M]. 北京:机械工业出版社,2005.

[8] 贾逵钧. 如何做好汽车维修业务接待[M]. 北京:机械工业出版社,2005.

[9] 刘可湘. 汽车服务企业经营与管理[M]. 北京:人民交通出版社,2004.

[10] 高玉民. 汽车特约销售服务站营销策略[M]. 北京:机械工业出版社,2005.

[11] 黄国相. 现代汽车维修企业管理实务手册[M]. 广州:广东科技出版社,2001.

[12] 南兆旭,滕宝红. 客户管理·售后服务[M]. 广州:广东经济出版社,2004.

[13] 上海市职业技术教育课程改革与教材建设委员会. 汽车技术管理[M]. 上海:上海科学技术出版社,2002.

[14] 朱德绵. 汽车运用技术[M]. 上海:上海科学技术出版社,2003.

[15] 张国方,朱杰,吴森. 汽车配件销售员培训教程[M]. 北京:人民交通出版社,2001.

[16] 胡建军. 汽车维修企业创新管理. 北京:机械工业出版社,2002.

反盗版举报电话　(010)58581999　58582371　58582488

反盗版举报传真　(010)82086060

反盗版举报邮箱　dd@hep.com.cn

通信地址　北京市西城区德外大街 4 号

　　　　　高等教育出版社法律事务与版权管理部

邮政编码　100120